P28 図13 倒壊した状態で発見された山田寺東面回廊

発掘が塗りかえる古代史
―都城の発掘調査60年―
渡辺 丈彦

P29 図14
山田寺東面回廊出土の落下瓦と建築部材
(一番下の部材が「茅負《かやおい》」)

古寺社の古文書が語りだす歴史
―南都の古文書調査から―

吉川 聡

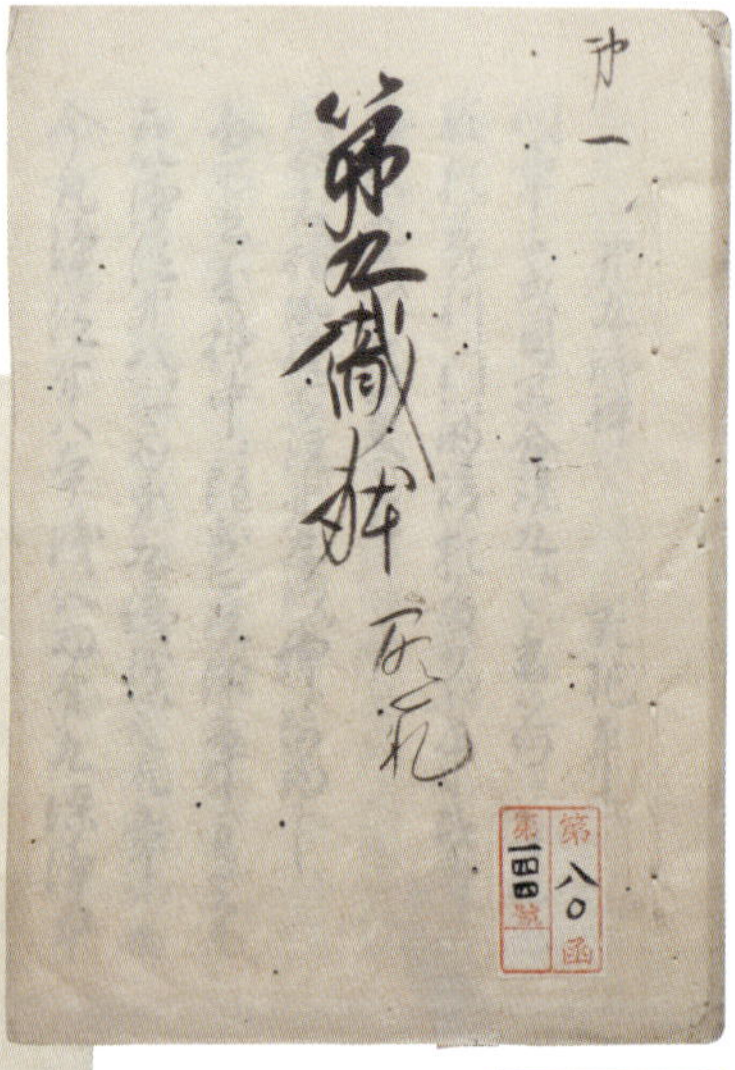

P41 図4 論義草「第九識体」表紙

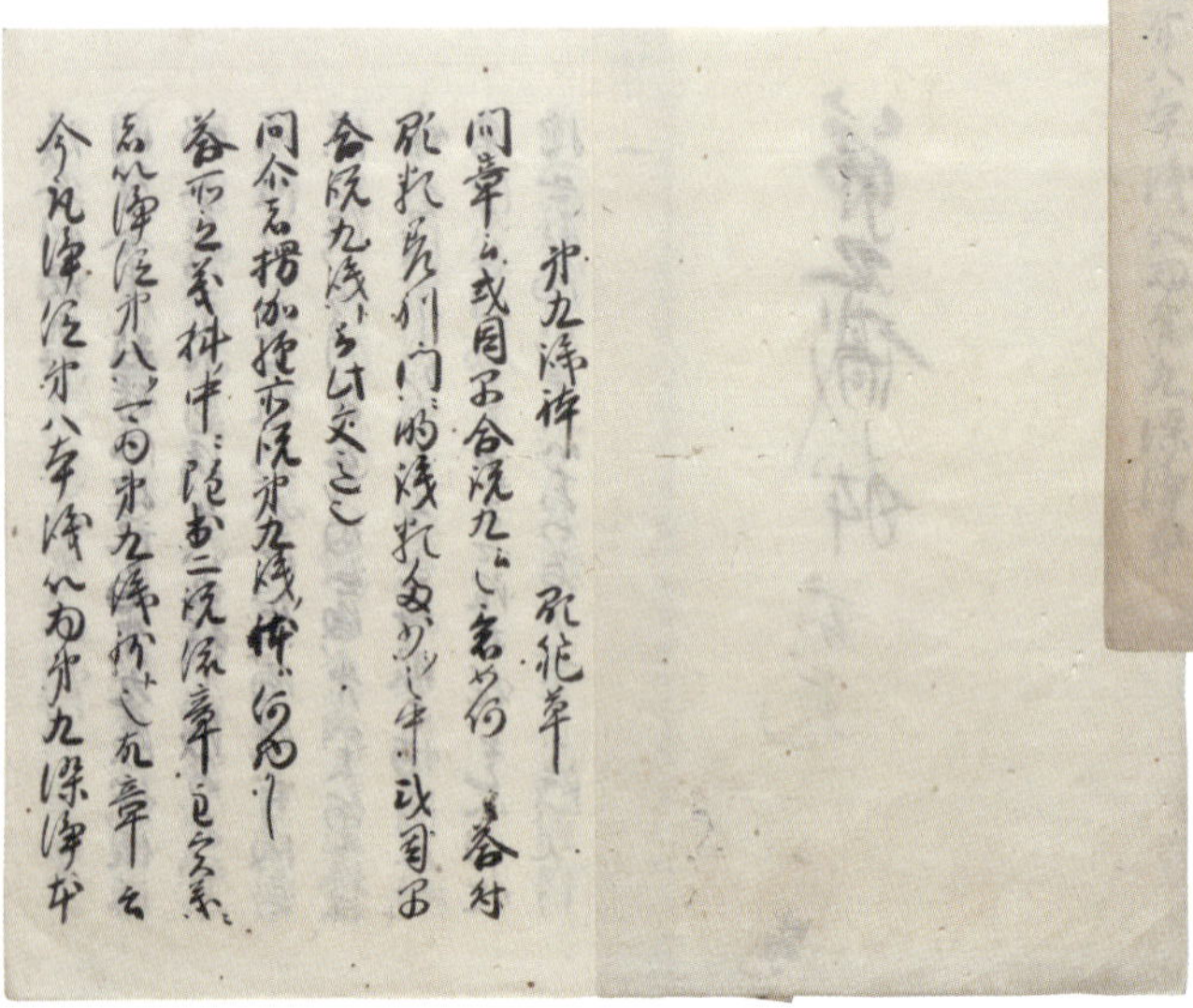

P42 図5 巻首

掘らずに土の中をみる―遺跡探査の応用と成果―

金田 明大

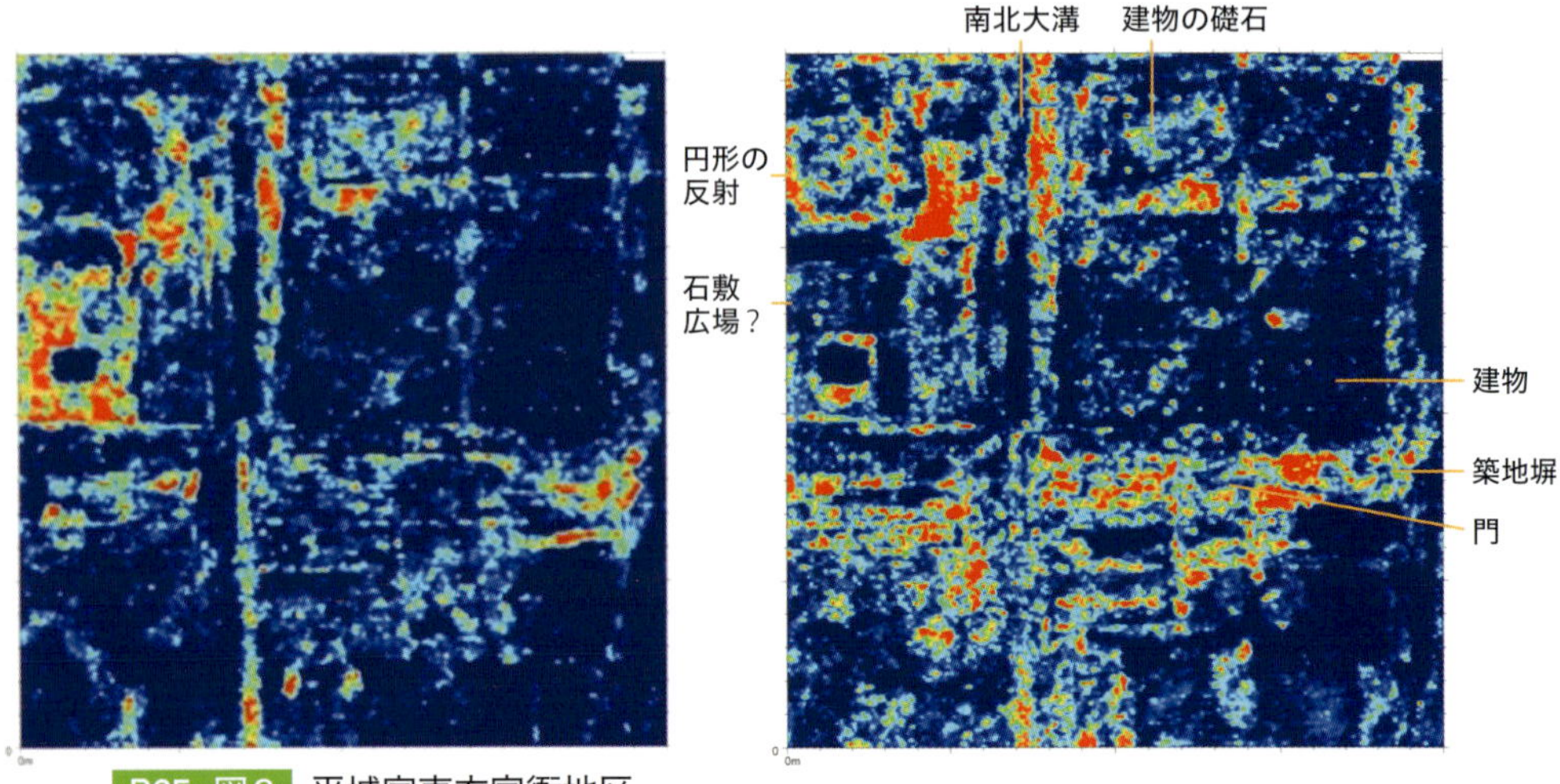

P65 図8 平城宮東方官衙地区

文化遺産を守り伝える科学技術—伝統の技と科学の力—

髙妻 洋成

P94 図8

輝きを取り戻した藤ノ木古墳の金銅製品

藤ノ木古墳出土
金銅製鞍金具（部分）

緑青さびで覆われた金銅製品の表面

金銅製品の断面の様子

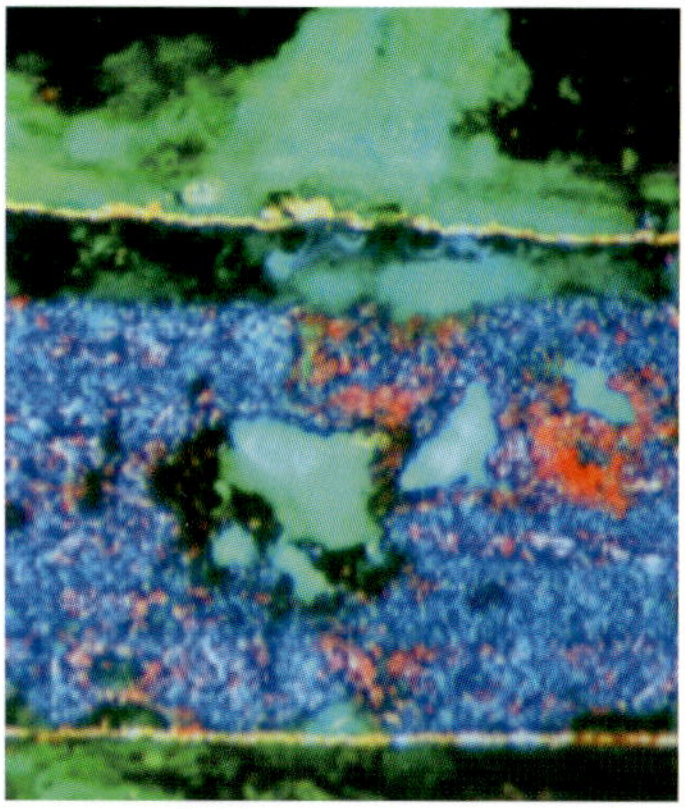

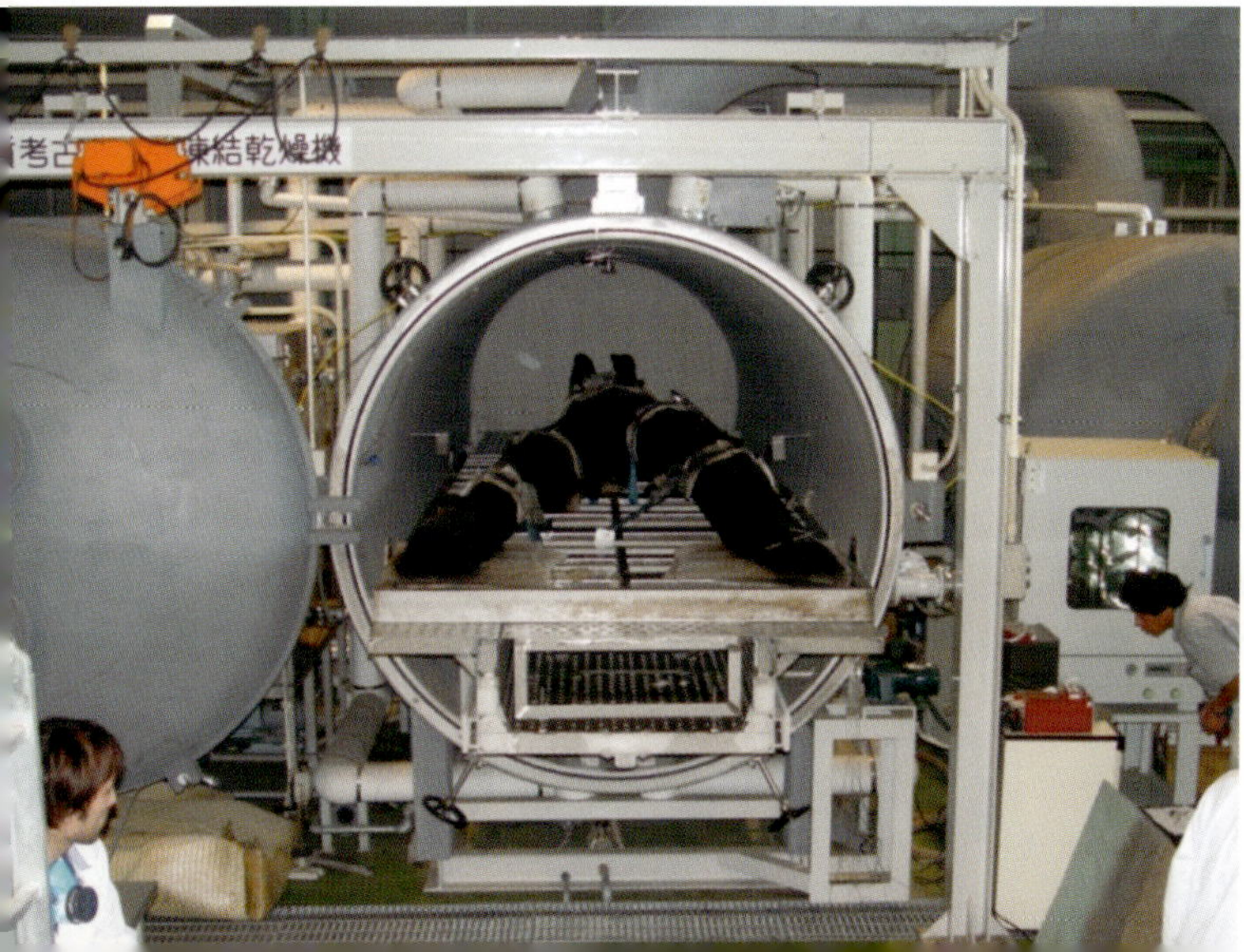

P98 図10

大型木製遺物の保存

遺跡を現在に活かし、未来に伝える―平城宮跡の保存と整備―

平澤 毅

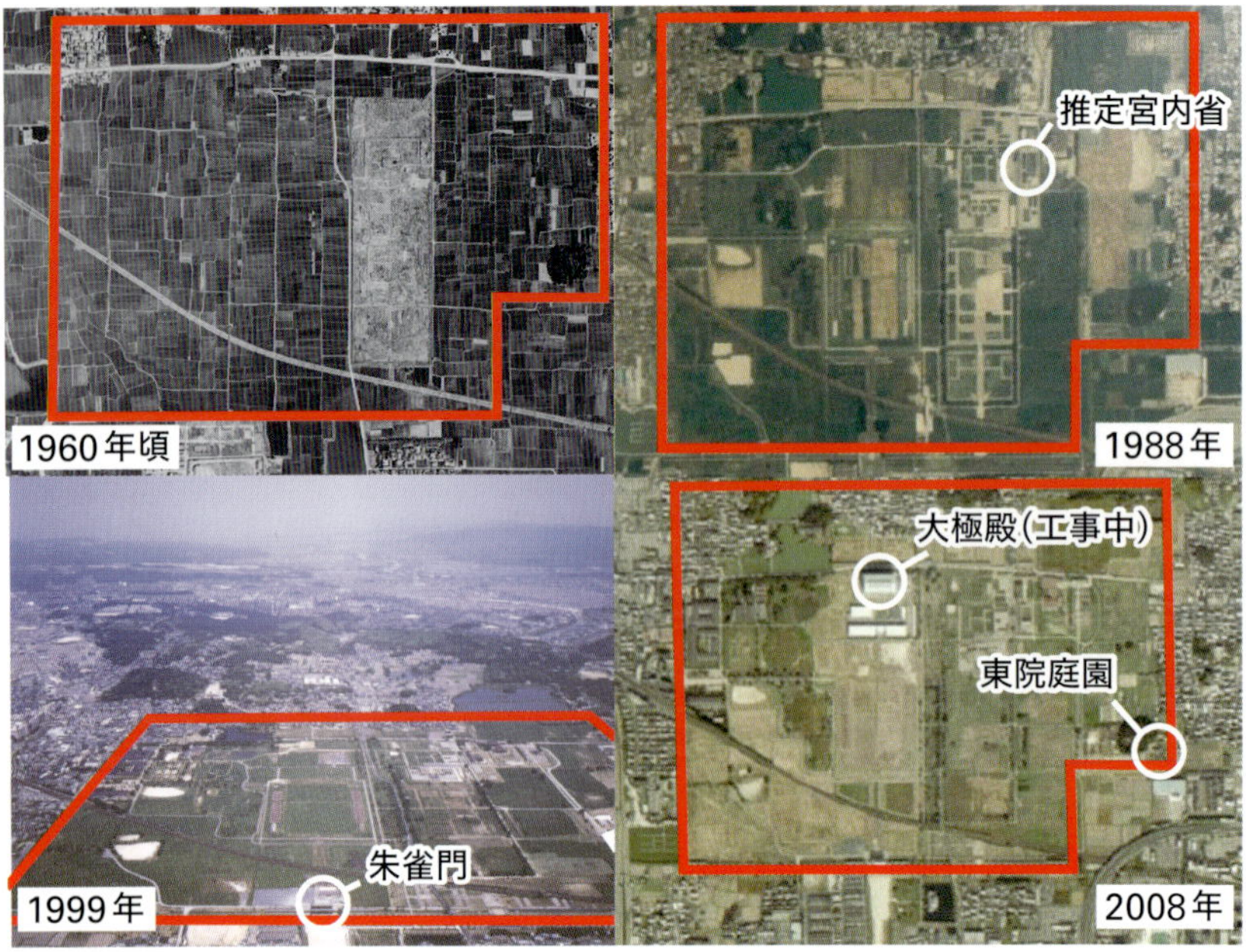

P114 図9 平城宮跡とその周辺地域の変遷

P137 図6

西トップ遺跡の様子

事業開始以前の遺跡の様相（2001年頃）

海外の遺跡をまもる
―国際協力としての文化遺産保護―

石村 智

P144 図10

バーミヤーン遺跡仏教石窟壁画の保存

遺跡をさぐり、しらべ、いかす

―奈文研六〇年の軌跡と展望―

奈良文化財研究所 編

はじめに

松村 恵司
奈良文化財研究所所長

奈良文化財研究所は、二〇一二年に還暦、創設六〇周年の節目を迎えました。

本書は、それを記念して二〇一二年一〇月六日に東京で開催した特別講演会「遺跡をさぐり、しらべ、いかす」の記録集です。副題に「奈文研六〇年の軌跡と展望」とあるように、奈文研のこれまでの調査研究の歩みを振り返り、これからの文化財研究の可能性を探る内容となっています。

奈良文化財研究所は、一九五二年四月一日、文化庁の前身である文化財保護委員会の付属機関として、文化財の宝庫である奈良の地に設立されました。創設当初は、主に南都諸寺の総合調査を実施していましたが、その後、国家的な遺跡である平城宮跡や藤原宮跡の保存問題を契機に、平城宮跡や飛鳥・藤原宮跡の発掘調査に本格的に取り組むことになりました。そこでは、考古学のみならず古代史学や建築史学あるいは庭園史学の研究者も発掘調査に参加し、学際的な研究を推進するとともに、保存科学や考古科学を積極的に導入し、遺跡の保存・整備・活用の実践的研究を進めてきました。

東京講演会では、これまでの平城宮跡などの発掘調査の成果、考古学や保存科学への先端の科学技術の導入、遺跡の整備やマネジメント、さらには設立当初から継続して取り組んできた奈良の寺社の古文書調査、また文化遺産の保護に対する国際的協力など、奈文研の幅広い業務を紹介し好評を得ました。

壬辰の干支が一巡した奈文研ですが、第二の還暦に向けて、所員一同、これからも新たな挑戦と努力を続けていきたいと考えています。皆様の変わらぬご支援とご協力をお願い申し上げます。

もくじ

古寺社の古文書が語りだす歴史―南都の古文書調査から―……37

掘らずに土の中をみる―遺跡探査の応用と成果―……55

文化遺産を守り伝える科学技術―伝統の技と科学の力―……81

発掘が塗りかえる古代史
―都城の発掘調査六〇年―

渡辺　丈彦
都城発掘調査部主任研究員

わたなべ・たけひこ
一九七〇年　山形県生まれ
二〇〇〇年　慶應義塾大学大学院後期博士課程単位取得退学
二〇〇一年　奈良国立文化財研究所研究員
二〇〇六年　文化庁文化財部記念物課埋蔵文化財部門　文化財調査官
二〇一一年　現職
現在の専門分野は、旧石器考古学・歴史考古学奈良文化財研究所（以下、「奈文研」と略す）は、これまで、わが国の古代国家揺籃の地である飛鳥地域と藤原宮・京、そして平城宮・京および南都七寺の調査を六〇年間にわたって継続的に行ってきました。その調査研究の特徴は、考古学を含めたさまざまな分野の研究者が共同して総合的調査研究を行う点にあり、古代史を復元するうえで数々の重要な成果をあげ、国内外から高い評価を受けています。一九五二年の設立から六〇年という長い期間になりますので数多くの成果があり、それらすべてを紹介したいところですが、時間も足りませんので、本日はそのなかで特に重要で驚くべき発見があった遺跡の発掘調査について紹介させていただきます。

奈文研の設立目的

奈文研の研究対象は、文化財保護法で定められているさまざまな類型の文化財の中で、無形文化財、民俗資料、天然記念物以外のすべての類型の文化財です。一九五二年、奈文研は行政機関である文化財保護委員会（現文化庁）にとって唯一の付属研究所として発足しました。その設立目的として、建造物の修理や指定のための調査、埋蔵文化財の緊急発掘調査、美術工芸関係あるいは名勝庭園、史跡指定のための調査研究などに協力することが明瞭に掲げられています。これに加えて、研究成果を文化財保護行政に反映させることが、発足当初から強く打ち出されていました。具体的には、遺跡の発掘調査の成果を保存と活用に反映させることです。たんなる学術的関心・興味の充足ではなく、行政機関である文化庁にとっての唯一の付属研究所として、研究成果を文化財保護、遺跡の保存と活用に反映させる先駆けになることが当初の設立目的でした。

設立してからすぐの一九五〇年代半ばには、奈文研による本格的な発掘調査がスタートします。その契機となったのが一九五四年に策定された、飛鳥地域吉野川分水東部幹線水路敷設計画です。京都府南部には木津川があり、奈良県南部には、最終的には和歌山県の紀の川に流れる吉野川がありますが、奈良県北部には大きな河川が存在しません。そのため江戸時代以前より常に農業用水が不足しており、一九五〇年代、水不足の解消は地域住民の悲願となっていました。これを解消するために策定されたのが先の水路敷設計画です。紀の川、吉野川から水路をつくって奈良県北部に水を流し、それをもって農業用水の不足を緩和させるという計画です。その計画では、明日香村の中心部近くを水路が通ることになっていました（**図1**）。

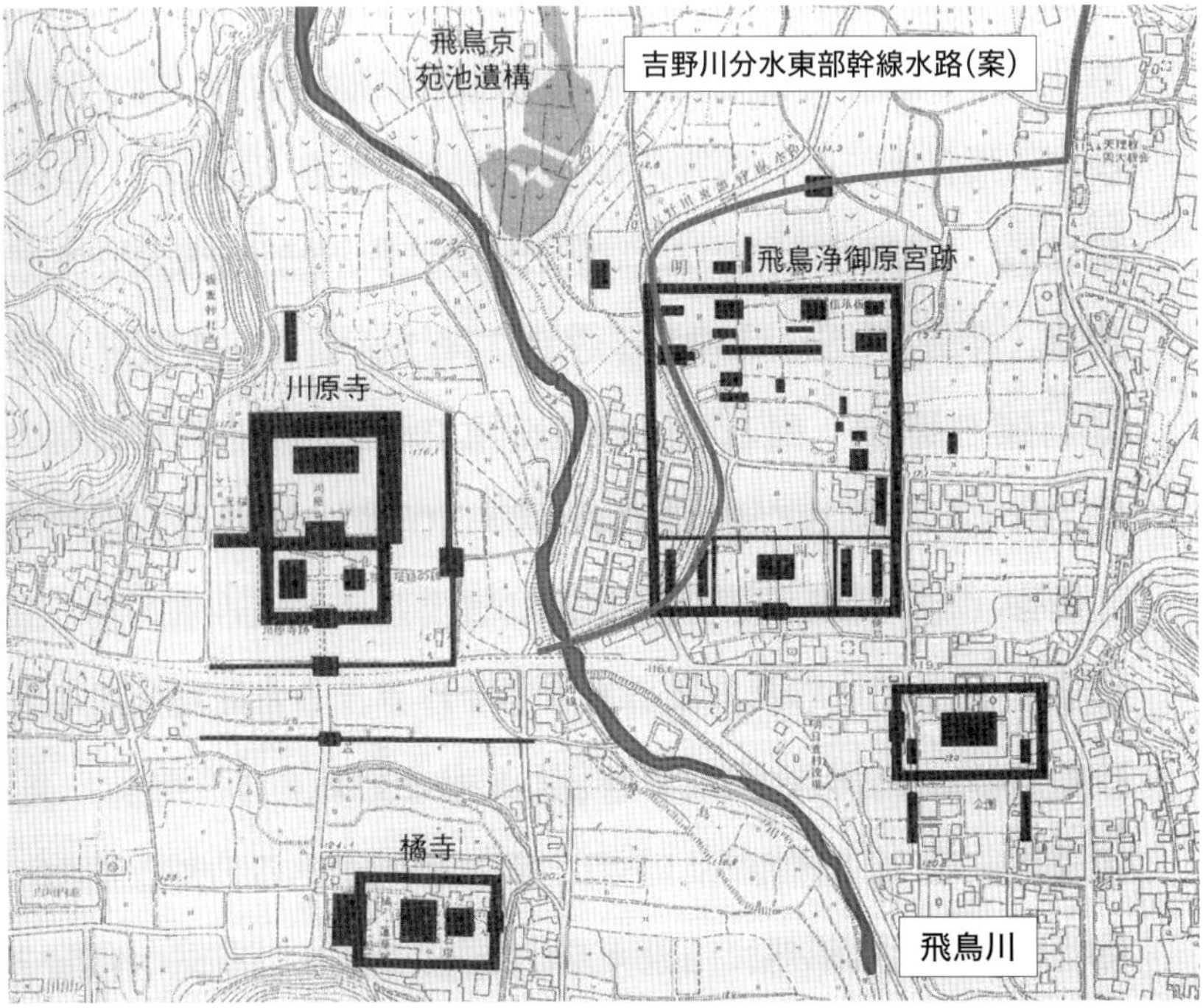

図1　明日香村中心部の古代遺跡と、当初の吉野川分水東部幹線水路敷設案

飛鳥での発掘調査のはじまり

古代の遺跡の宝庫である明日香村の中心部分を通ることから、水路敷設計画の冒頭には、「敷設にあたっては埋蔵文化財の保護に最大に留意すること」という一文が掲げられていました。これにより、最終案の決定前に、奈文研と奈良県教育委員会が中心になって、地下の状況を把握するための発掘調査を実施することになりました。奈文研がかかわった一九五六年の最初の発掘調査では、用明天皇二（五八七）年に蘇我氏発願によりつくられた日本最古の本格寺院、飛鳥寺（**図2**）を、一九五七年からは、飛鳥寺、大官大寺、薬師寺とともに藤原宮期の官の四大寺といわれ、天智天皇が母、斉明天皇のために造営した川原宮跡に建立したとされる川原寺（**図3**）で二つ目の発掘調査を行いました。

これら一連の発掘調査の最後となるのが、一九五九年の飛鳥板蓋宮《いたぶきのみや》伝承地での発掘調査です。五九二年に推古天皇が豊《と》浦宮《ゆらのみや》で即位して以後、

図2　飛鳥寺の発掘調査（1956年）

六九四年に藤原宮が造営されるまでのあいだの約百年間、この地域に天皇の宮殿が営々と営まれます。そのうちの一つ飛鳥板蓋宮は、当時、根拠なく漠然とこの付近であろうと推定され史跡に指定されていました。その地区の一部が水路敷設地にかかることから発掘調査が実施され、石敷きの宮殿遺構や北の外郭線となる塀跡が確認されました（図4）。

この成果を受け、最終的に吉野川分水東部幹線の路線は計画変更され、水路は飛鳥板蓋宮伝承地の一番北の建物のさらに北側、遺構がない場所に移すことになりました。発掘調査の成果に基づき、遺跡は保護され、現在、紹介した川原寺や飛鳥板蓋宮伝承地は整備公開されています。

平城京跡の発掘調査のはじまり

一九五〇年代後半の飛鳥寺、川原寺、飛鳥板蓋宮伝承地の発掘調査の終了後、奈文研による発掘調査の主戦場は奈良市にある平城宮跡に移っていきま

図3　川原寺の発掘調査（1957年）

す。そのきっかけについてまずお話しをいたします。

さきほど、奈文研の発掘調査は飛鳥寺からはじまったと述べましたが、実は例外が一つあります。設立一年後の一九五三年に、平城宮中心部の内裏周辺で小規模な発掘調査を行っています。

ただこれは例外的なものであり、基本的に二〇次までの初期の平城宮跡の発掘調査は、その中心部分ではなく、わりと北側の縁のほうで実施していました。その理由は、県道奈良谷田線、通称、一条通の拡幅計画にあります（**図5**）。この一条通は、真っすぐ東に抜けていくと現在の航空自衛隊の幹部候補生学校、当時の米軍キャンプにつながりますが、日米地位協定に基づいて、一条通を拡幅してほしいという要請が米軍からだされました。道路を拡幅するためには、当然その下での遺跡の広がりを確認する必要がありますし、拡幅の影響により周囲の住宅にも影響がでることが予想されました。

そこで、一条通の北側で発掘調査がはじまったのです。そこは当時、天皇の居所である内裏が

図4　飛鳥板蓋宮伝承地の発掘調査（1959年）

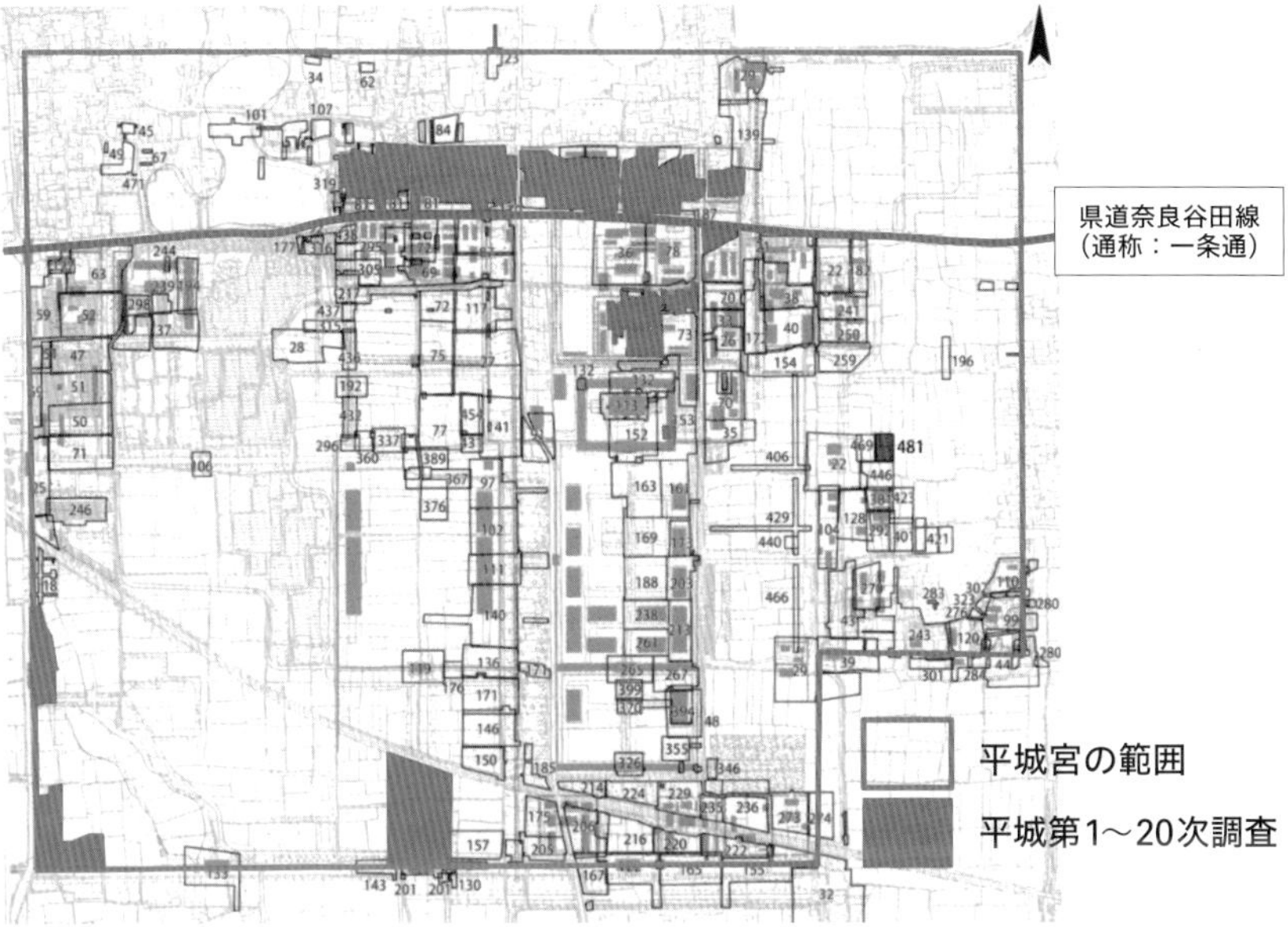

図5　平城宮跡の範囲と、初期の発掘調査地の位置

図6　平城宮大膳職の発掘調査（1961年）

存在すると推定されていたのですが、発掘調査によりさまざまなことが明らかになりました。図6に示した四角く並ぶたくさんの穴はすべて建物の柱の跡で、大型の井戸も合計三つ見つかりました。

平城宮の中枢部、たとえば大極殿や内裏、朝堂院であれば整然とした建物配置を持つ可能性が高いのですが、確認された建物の配置はばらばらな感じがしますし、宮中枢部にはあまり想定できない井戸が発見されたことから、発掘当初、この施設の性格を推定することは困難でした。これを解決したのが、私どもがSK219と呼んでいる土坑、簡単にいうとゴミ捨て穴です。ここからは、平城宮としては最初の木簡四〇点（二〇〇七年に国の重要文化財に指定）が出土しました（図7）。この木簡群は「寺請木簡」と呼ばれるものですが、ある寺から、たとえば、小豆や醤油、酢や味噌などを請求する内容が書かれていました。また、食べ物や調味料など、食べ物関係の木簡が多いこと、そして井戸があったことから、最終的には、内裏ではなく宮内省の大膳職《だいぜんしき》、簡単にいうと平城宮に勤める役人の給食センターであることが確認されました。発掘調査当初から、非常に大きな成果をあげることができたわけです。

その当時、平城宮北方周辺にあった住宅は史跡内であることから、建てかえなどが行われる場合には必ず発掘調査を行う必要がありました。場合によっては、建物の建設が規制されます。そのような規制が続いたため、地域住民から平城宮跡を史跡指定から解除してはもらえないかという意見もでていました。しかし、発掘調査による大発見が続くと、そのような声もだんだん収まり、保護に向けて協力していただける態勢が形づくられていきました。

その後の奈文研のほとんどの発掘調査も、遺跡の保存と活用に資するという設立目的に沿うものとなります。三〇年代以降、多くの調査が行われますが、すべてを紹介する時間がありませんので、以後、昭和三〇年代、四〇年代、五〇年代、六〇年代から平成と大きく四つの時期に区切って、古代史の定説を覆すなど特にエポックメイキングな成果を残したものに焦点を絞って紹介し、その遺跡の発掘と保護の歴史を振り返ります。

昭和三〇年代　平城宮跡東院

最新の研究成果に基づけば、平城宮の平面形は正方形で、東北側で東側に張り出し部があります。しかし江戸時代のころは必ずしもそう考えられていたわけではありません。**図8**は、江戸時代、奈良に置かれた藤堂藩の飛び地の奉行所の役人であった北浦定政（一八一七～一八七一）が実証的な研究によって作成した『平城宮大内裏跡坪割之図』であり、平城宮のかたちがほぼ正確に描

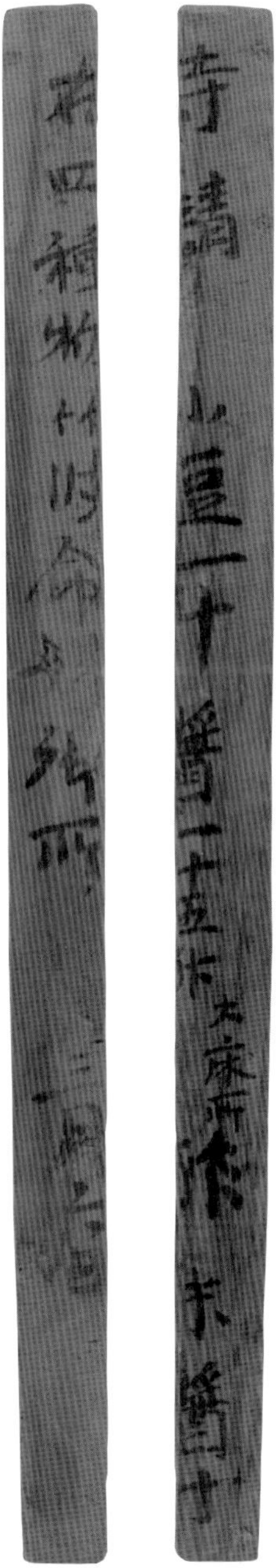

裏　　表　　図7　平城宮大膳職SK219出土の「寺請木簡」

かれています。しかし、その図では平城宮のかたちは方八町の正方形として描かれ、東側に張り出し部分はありません。この平城宮の平面形状についての考えは明治、大正時代に引き継がれ、関野貞（一八六八〜一九三五）が作成した『平城京及び大内裏考』でも基本的には方八町の正方形説が踏襲されています。

そのような中で、一九六〇年代になると国土開発が進み、モータリゼーションの流れの中で、奈良市内の交通量が増えたことから、その交通渋滞を緩和するため、国道二四号線のバイパス敷設計画が一九六一年にもちあがります。当初、バイパスの計画路線は文化財保護の観点から想定される平城宮の範囲を避け、その東側に通す、第一案（東三坊大路通過）、第二案（東二坊大路通過）、第三案（東一

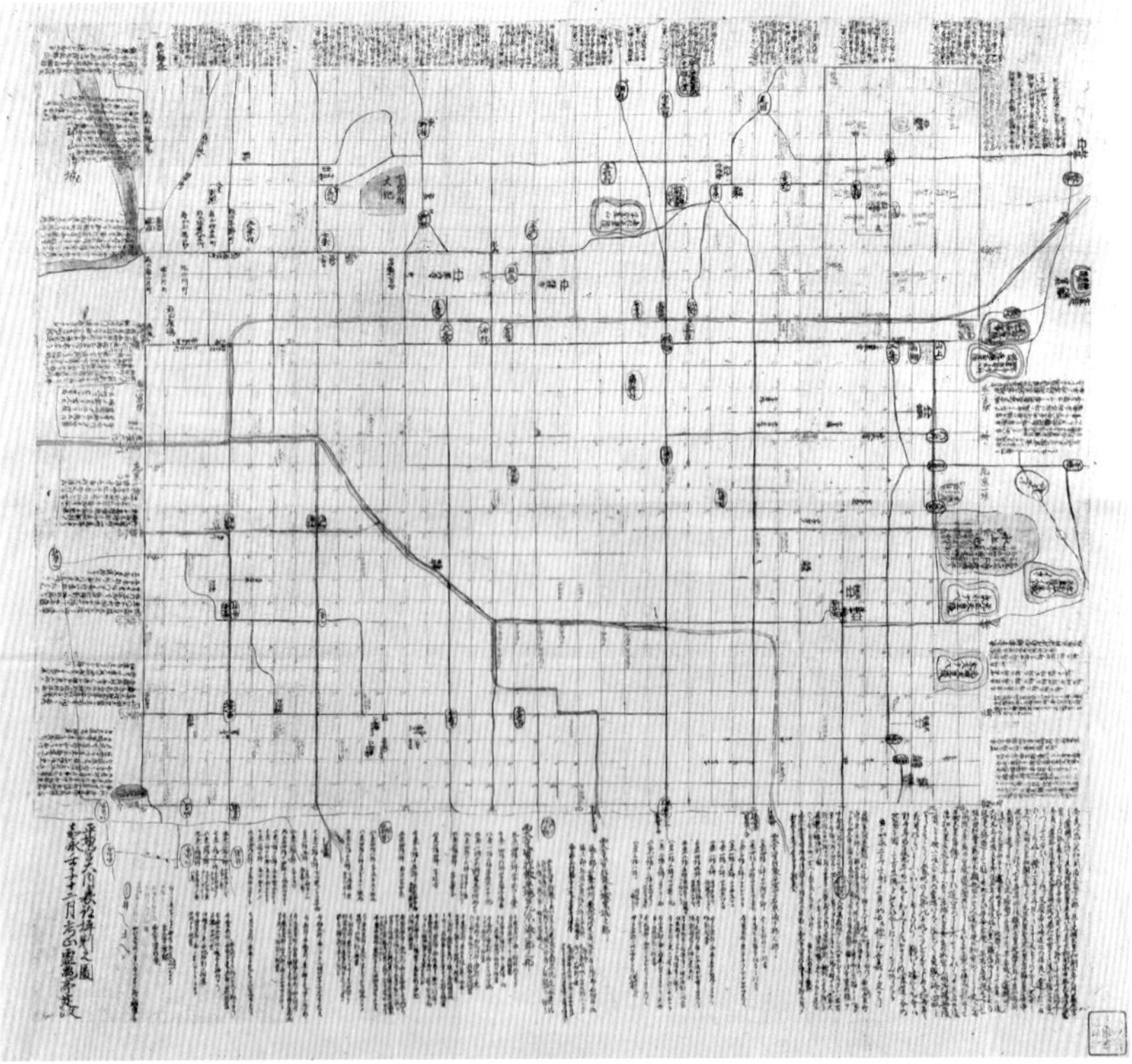

図8　平城宮大内裏跡坪割之図（北浦定政）

坊大路通過）が示されました。遺跡が密集する地域の敷設は避けられないが、基本的には、平城宮跡や法華寺などの重要遺跡を壊さず、北浦定政以来指摘されている平城宮の街路に沿って敷設する計画でした。最終的には、既存の住宅などを極力壊さず、コストが一番少なくてすむ第三案、平城宮の東一坊大路を通す案にまとまっていきました。ただし、路線計画地となる平城宮東辺は発掘による地下遺構の確認例が少なく、また当時の奈文研が平城宮四辺の確認を計画的に進めていた経緯もあり、事前に発掘調査を実施することになりました。

平城宮の平面形状がそれまでの定説の通り正方形であり、文献資料の内容に基づいて考えれば宮の四辺には合計一二個の門があるはずです。そのためバイパスの敷設予定地で発掘調査を行えば、当然、三つの門とその前面に東一坊大路があり、その路面上から建物跡は見つからないはずという推定のもとに発掘調査がはじまりました。一九六四年の第二二次調査では平城宮東面北門および中門推定地を、一九六五年の第二九次調査、一九六六年の第三九次調査では東面南門推定地が調査されました。

結果からいうと、第二二次調査では北門と中門の遺構は確認できませんでした。また、当初、東一坊大路の路面が推定された場所から予想外の建物跡などが見つかったことから（図9上）、平城宮は東側に張り出している可能性が高まりました。さらにこのことは奈良時代を通して変化があるわけではなく、奈良時代の前半から後半にかけて建物が継続的に存在し、道路になった経緯がないこともわかりました。

次に課題となったのは、本来道路であるべき位置に建つこれらの建物群の性格を明らかにすることでした。

　それを解明する手掛かりとなったのは、遺跡から出土した土器や木簡です。木簡には「造酒司」と書かれていました（**図9下**）。これにより、酒や酢をつくった役所、造酒司の跡と推定されたのです。ちなみにこの木簡には、造酒司が配下の作業長など三名に、出勤日には必ず出勤するように促す内容が書かれています。また、「酒」「酒司」と書かれた土器も多く出土しました。これらのことから、この位置には調査前には建物の建たない道路や、それに接する門の存在を想定していまし

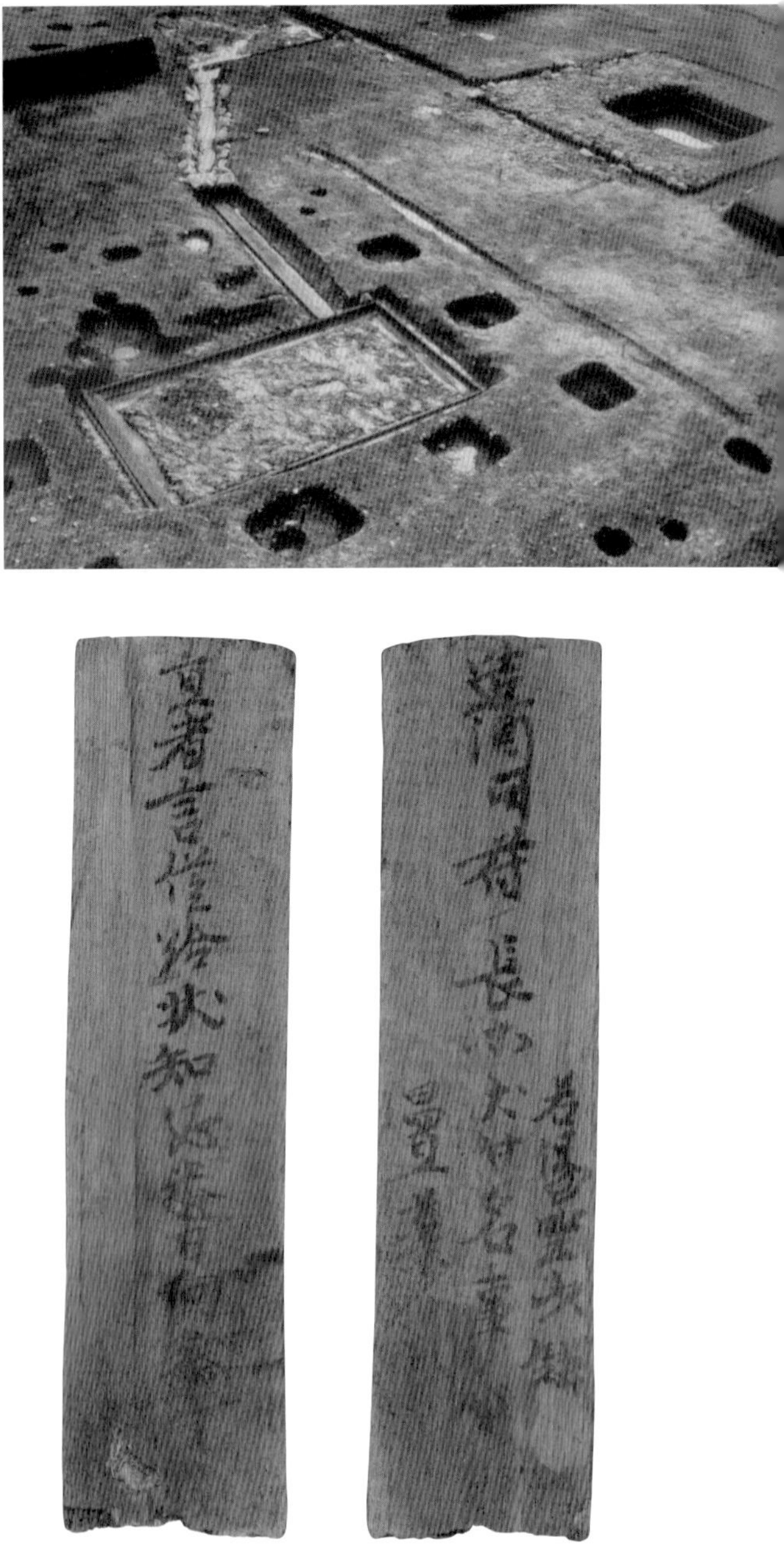

図9　平城宮東面北門推定地の発掘調査（1964年）と出土木簡

たが、じつは奈良時代を通して造酒司という役所が置かれていたことが判明しました。

一方、平城宮東辺では北側で東に広がっていることがわかりましたが、南ではどうなっているのかを解明することが次の課題となりました。そのために行われたのが、東辺南門推定地で行われた第二九・三九次調査です。発掘調査の結果、やはり東に向かって開く南門は検出されませんでしたが、そのかわり、南に開く門、的門《いくは》（小子部門《ちいさこべ》）が発見されました。これにより、東一坊大路は南北に抜けるのではなく、的門で東側に曲がることが明らかになりました。この調査成果により、当初の計画通りバイパスを敷設することは困難となりました。ただ、平城宮が北側で東にどれほど広がるかがわからないと新たな路線を考えることができません。

そのために行われたのが、一九七七年の第九九次の東院庭園地区の調査です。この調査では園池を伴った庭園遺構が発見され（図10）、緑釉が施された古代瓦も多く出土しました。『続日本紀』の神護景雲元年（七八七）の記載をみると、「東院の玉殿あらたに成り、その殿は瑠璃瓦を葺き、時の人これ玉宮という」とあります。東院とは、皇太子の居所である東宮を指します。発掘調査の成果と文献の記載が一致し、平城宮東側の張り出し部分の性格と、その範囲も確定しました。平城宮の長い調査の中で最大の発見は何かといわれると、木簡の発見と、この東院の発見だという人もいるほどの、大きな発見であったといえます。

国道二四号線バイパスは、最終的に東三坊大路を通る第一案に変更されました。江戸時代から信じられてきた方八町の正方形説、当初わずか二二〇〇平方メートルの発掘がその定説を覆し、さらに特別史跡平城宮跡を開発の危機から救ったといえます。冒頭で述べたとおり、奈文研の発掘は遺

図10　平城宮東院庭園の発掘調査（上）と復原整備（下）

跡の保存と活用に資するためにありますが、このことを体現したよい例といえます。

昭和四〇年代　飛鳥地区水落遺跡

水落遺跡の発見のきっかけは、一九七〇年に明日香村の一角で店舗兼個人住宅の建築申請がなされたことです。当時、飛鳥寺周辺には、喜田貞吉の指摘以来、発掘調査成果による根拠がないまま、漠然と天武天皇の飛鳥浄御原宮《あすかきよみはらのみや》があったと推定されていました。そこで、住宅の建築申請がだされた後の一九七二年に、比較的小規模な事前の発掘調査が奈良県教育委員会と合同で行われました。

その調査では、下底辺の長さが約二二・五メートルの断面方台形をなす特異な基壇を持つ礎石建物が確認されました。また、その基壇の外側には掘立柱の塀があることもわかりました。非常に大きな成果を得られたこともあり、飛鳥浄御原宮の関連の楼閣状高殿として一九七五年に史跡指定を受けました。

ところがその後、飛鳥寺、石神遺跡、伝飛鳥板蓋宮跡など水落遺跡周辺での発掘調査が進展すると、飛鳥浄御原宮関連の施設であるとする意見は小さくなっていきます。飛鳥寺周囲の発掘が進むにつれ、寺域範囲は当初想定していたより北側に広がりました。そのため、ある程度広い範囲が想定される宮殿と考えた場合の水落遺跡の範囲と抵触し、宮殿説自体が成り立たなくなる可能性が高まりました。その一方で、斉明天皇の饗応施設と考えられる石神遺跡が水落遺跡に接する位置に見つかり、その関連性も指摘されはじめました。

決定的であったのは、さきほどもお話しした飛鳥板蓋宮推定地の最上層から橿原考古学研究所の発掘により木簡が出土したことです。木簡に書かれていた年代は飛鳥浄御原宮の時期でした。飛鳥板蓋宮推定地上層の遺構群が飛鳥浄御原宮である可能性が高まり、水落遺跡が飛鳥浄御原宮関連の楼閣状高殿である可能性はさらに小さなものとなりました。

水落遺跡の発掘調査

このような状況の中で登場したのが、石神遺跡に関連する饗宴施設という説です。このことを裏付けるため一九八一年以降、再び発掘調査がはじまりました。前回は調査区を小規模にL字形に掘っていましたが、今回は全面を開けた結果、多くの遺構が確認されました(**図11**)。基壇の周りは石張りで、礎石を据えた跡があり、その真ん中を通るように木製の暗渠があります。基壇の中枢部分には大きな石があり、その上に漆塗りの木箱が設置されていたこともわかりました。また木製暗渠からその木箱に水を吸い上げる装置と考えられる、大銅管も見つかりました。さらにそれ以外にも、漆塗木箱を中心に、外に水を流すような小さな銅管があることが判明しました。

図11　水落遺跡の発掘調査(左)と復原整備(右)

さきほどお話しした通り、水落遺跡の性格については、最初は天武、持統朝の飛鳥浄御原宮跡と推定され、次に、斉明朝の石神遺跡に関連する饗宴施設ではないかという説が浮上しました。しかし、発掘調査により明らかとなった水落遺跡の姿は、そのいずれにもあてはまらない特異なものでした。

これは一体何なのだろう。研究員たちが頭を悩まし続けながら発掘調査を続ける過程で思い浮かんだのは、『日本書紀』の斉明六（六六〇）年五月の「皇太子初めて漏刻《ろうこく》を造る。民をして時を知らしむ」という一文でした。天智天皇がつくった漏刻という説が提唱された瞬間でした。

遺跡の大部分が発掘され、その構造が明らかになり、一つの有力な仮説が提示されました。しかしそれだけで、水落遺跡が漏刻であるとするには不十分でした。発掘調査後に、文献史学を担当する研究者や、流体力学の専門家などさまざまな分野の研究者が集まり、綿密な検証作業が続きました。それらの作業を行った結果、現在ではさまざまな矛盾点が解決され、水落遺跡が天智天皇の漏刻と確定するに至っています（**図12**）。

一般的に遺跡の調査では、まず基礎となる仮説を提示し、その検証のために発掘を行います。そして出土した遺構や遺物からその仮説が正しいかを判断し、矛盾があれば新たな仮説を提唱、さらに検証の発掘を行うことの繰り返しです。水落遺跡の性格が明らかにさ

図12　復原された天智天皇の漏刻（水時計）

れていった過程はそういった調査の流れとしては典型的なものです。しかし考古学研究者のみならずさまざまな分野の研究者が総合的な検討を加えて一つの結論に導いた手法は、多分野の研究者が長年ともに発掘調査に従事する奈文研の伝統の中で培われたものだと考えています。

昭和五〇年代　山田寺跡発掘調査

まず、山田寺跡について簡単に説明します。この寺の縁起は『上宮聖徳法王帝説《じょうぐうしょうとくほうおうていせつ》』『日本書紀』などに多く書かれています。創建したのは皇極天皇四（六四五）年の大化の改新で中大兄皇子に荷担したことで古代史上では有名な、蘇我倉山田石川麻呂です。ただこの石川麻呂による山田寺の創建過程は複雑で、舒明天皇一三（六四一）年に寺地の整地を開始したといわれていますが、石川麻呂自身が、大化の改新の四年後の大化五（六四九）年に謀反を疑われて自刃してしまったため、造営は中断し、それが再開されたのは天智天皇六（六六三）年のことです。

このように複雑な経緯をたどって造営された山田寺跡ですが、昔から非常に保存状態のよい遺跡として知られ、一九〇四年の高橋健二、一九一七年の天沼俊一の研究などにより、四天王寺式の伽藍配置を持つことが指摘されていました。白鳳寺院としての特徴をよく備えていたことから、一九二一年に国史跡に、一九五二年には国特別史跡に指定されています。一般的に遺跡は国史跡に指定されると、その後、国民の皆さんに直に親しんでいただけるような状態にする必要があります。そのために史跡の整備を行うのですが、それに資する考古学的データを入手するために、一九七六年から奈文研が継続的な発掘調査を行うことになりました。もともと礎石などがつくられた当時の位置で出土していて非常に残りがよいと想定していましたが、発掘調査の結果はその想像をはるかに超えるものであり、考古学的に大きな成果を残すことができました。

その一つが伽藍配置の問題です。さきほど述べたとおり、当初推定していたのは四天王寺式の伽藍配置でした。四天王寺式の伽藍配置とは、南門、中門、塔、金堂、講堂が一直線に並び、中門と講堂とを回廊によって連結させるものです。しかし山田寺は中門から発した回廊が講堂に連結せず、講堂の北で連結する構造でした。現在、山田寺式として知られる新たな伽藍配置が確認されたのです。

そして、伽藍配置の解明以上のさらに華々しい成果が、第四～六次（一九八二～八四年）の調査で得られました。新聞紙上で大きく報道されたのでご存じの方も多いかと思いますが、東面回廊が西側に倒壊し、創建当初の瓦が葺いたままの状態で落下しているのが発見されたのです（**図13上・図14上**）。普通、古代の遺跡では当時の建物そのものが発見されることはきわめて稀です。瓦もばらばらになって出土します。しかし、山田寺では建物はそのままのかたちで、しかも瓦が落下したまま発見されたのです。周囲から出土した土器などの遺物の検討から、この建物は創建当初のもので、平安時代に倒壊したこともわかりました。

この発見は、考古学以外に、建築史的にも大きな意義があります。現存する白鳳時代以前の建築は、法隆寺の西院伽藍以外に存在しないので、構造がわかる建築物は、法隆寺とこの山田寺だけだからです。現在、山田寺東面回廊は保存処理され奈文研の飛鳥資料館に展示されていますが（**図13下**）、それと法隆寺の西院伽藍の回廊を比較し、この二つに共通する部分や差異をみてみましょう。

図13　倒壊した状態で発見された山田寺東面回廊と、その復原展示（上図：口絵カラー参照）

図14　山田寺東面回廊出土の落下瓦と建築部材
（一番下の部材が「茅負《かやおい》」）
（口絵カラー参照）

法隆寺西院伽藍との共通部分は多くあり、柱が真ん中で膨らんでいる点や、屋根を受ける組物の比率などはほぼ一緒です。ただし、窓の連子《れんじ》や垂木《たるき》のかたち、皿斗《さらと》や長押《なげし》などの建築部材の構成要素は微妙に異なっています。また、山田寺は法隆寺に比べると少し低く、窓も小さいこともあって重厚な感じはしますが、閉鎖的な印象を受けるとされています。山田寺の回廊は建立年代が七世紀中ごろまでさかのぼり建物としては日本で一番古い例となりますが、法隆寺西院伽藍はそれより少し遅れるので、わずかながら時期差もあることから、古代の建築技法や様式史を考えるうえで稀有な資料といえます。

次に、落下した状態で見つかった瓦から何がいえるのか述べます。瓦もばらばらに出土すると、軒丸瓦と軒平瓦の組み合わせを考えるには非常に多くの労力が必要です。しかし山田寺ではそれがしっかり組み合わさった状態で出土したことから、その組み合わせもきわめて高い確度で推定することができました。また、遺跡から出土した状態では、一つひとつの軒平瓦がどのような間隔で葺かれていたのかはわかりませんが、周囲から出土した多数の建築部材の中にそのヒントになるものがありました。それが**図14下**に示した茅負《かやおい》です。茅負は軒平瓦を受ける部分ですので、これをみると、どのくらいの間隔で軒瓦が葺かれていたのかがわかるのです。これを調査することにより、白鳳期の古代寺院の軒瓦の葺き方を高い精度で復原することが可能になりました。

これら山田寺東面回廊の発掘調査成果は、新聞各紙で大きくとりあげられ、結果的に遺跡の保存に非常に大きな影響を及ぼしました。地元住民の方々に、山田寺の保存に対する大きな関心を呼び起こしたことです。これにより、史跡の追加指定と土地の公有化が、地元の協力によって順調に進展し、平成元年に史跡整備の工事が完了しました。一つの発見が、遺跡の保存と活用に大きく寄与した一例といえます。

昭和六〇年代から平成―飛鳥池遺跡

今回の講演で紹介する最後の遺跡、飛鳥池遺跡は、飛鳥池の埋め立てに伴う事前の発掘調査（一九九一年）をきっかけに発見されました。その後、埋め立て地に奈良県立万葉ミュージアムの建設が計画され、一九九七年から三か年の大規模な発掘調査を奈文研が行いました。遺跡はちょうど飛鳥寺に北西側で接する丘陵地にあたりますが、その谷筋から、古代に関する定説を覆す多くの遺構・遺物の発見がありました。

図15・図16を使い、まずこの谷筋に展開する遺構を大雑把にみてみます

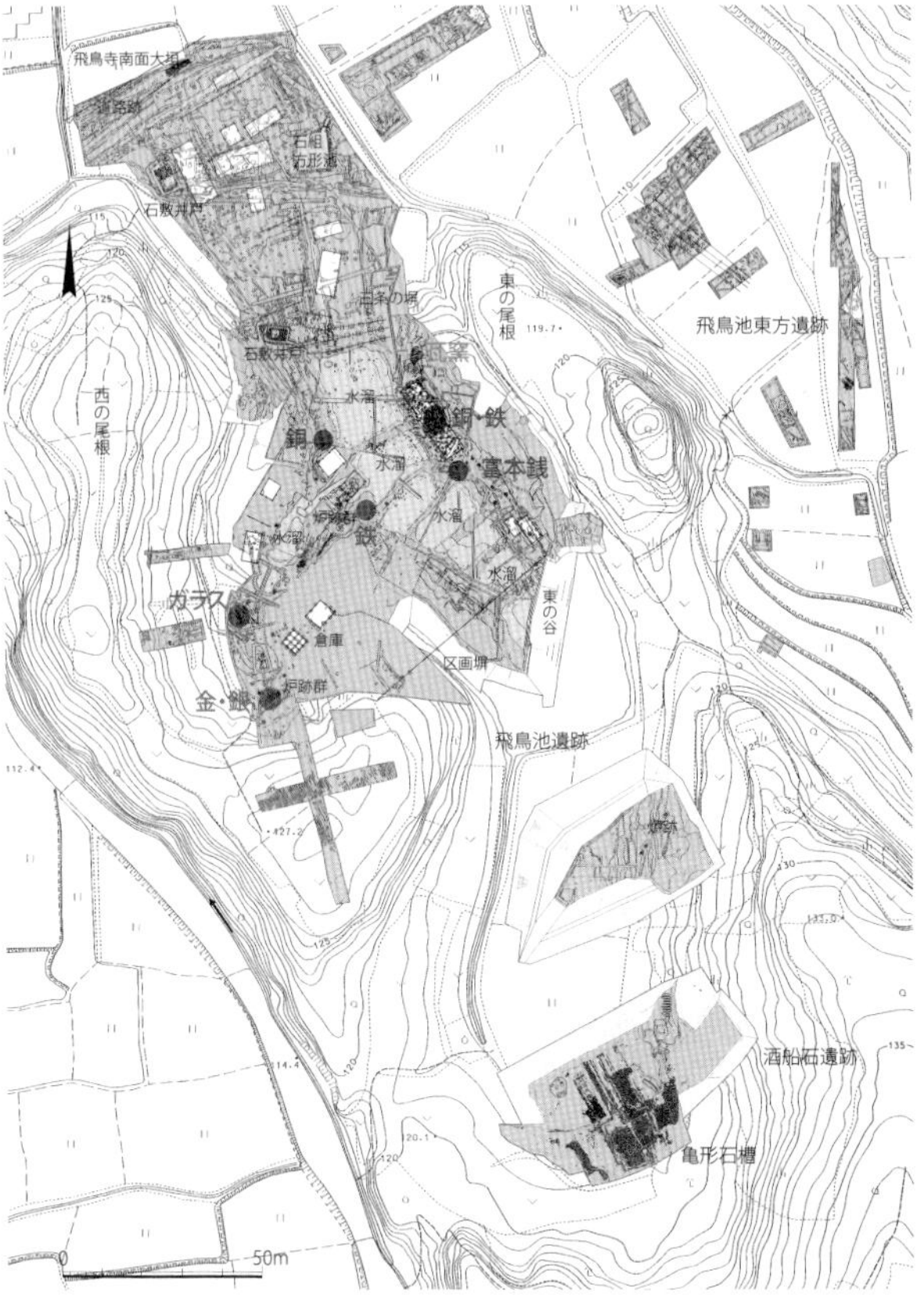

図15　飛鳥池遺跡の遺構配置図

と、谷筋を区切るように陸橋があり、その間が水溜のようになっています。いくつかの水溜は水路で連結され、谷の傾斜にあわせて南から北から水が流れる仕組みになっています。東側の岸には非常に多くの炉跡が、また北には石組みの方形池や井戸が見つかりました。水溜は遺跡の南側で二つに分岐しますが、一方の水溜の南側からは倉庫跡も見つかっています。比較的狭い範囲から多種多様な遺構が発見されました。炉跡が多く見つかったことから工房であることは容易に察しがつきますが、それではこの谷では何がつくられていたのでしょうか。

それを示す手掛かりは、この谷を埋めるように堆積した多量の炭混じりの土の中にありました。この土の中から見つかった遺物から、銅、ガラス、鉄、金銀を素材として、金属加工、ガラスや水晶・琥珀を使った宝玉類の生産を行っていることが明らかになり、最終的には、七世紀後半から八世紀初頭の大規模な総合工房であることが確定しました（**図17**）。

このことだけでも大きな発見でしたが、飛鳥池遺跡の

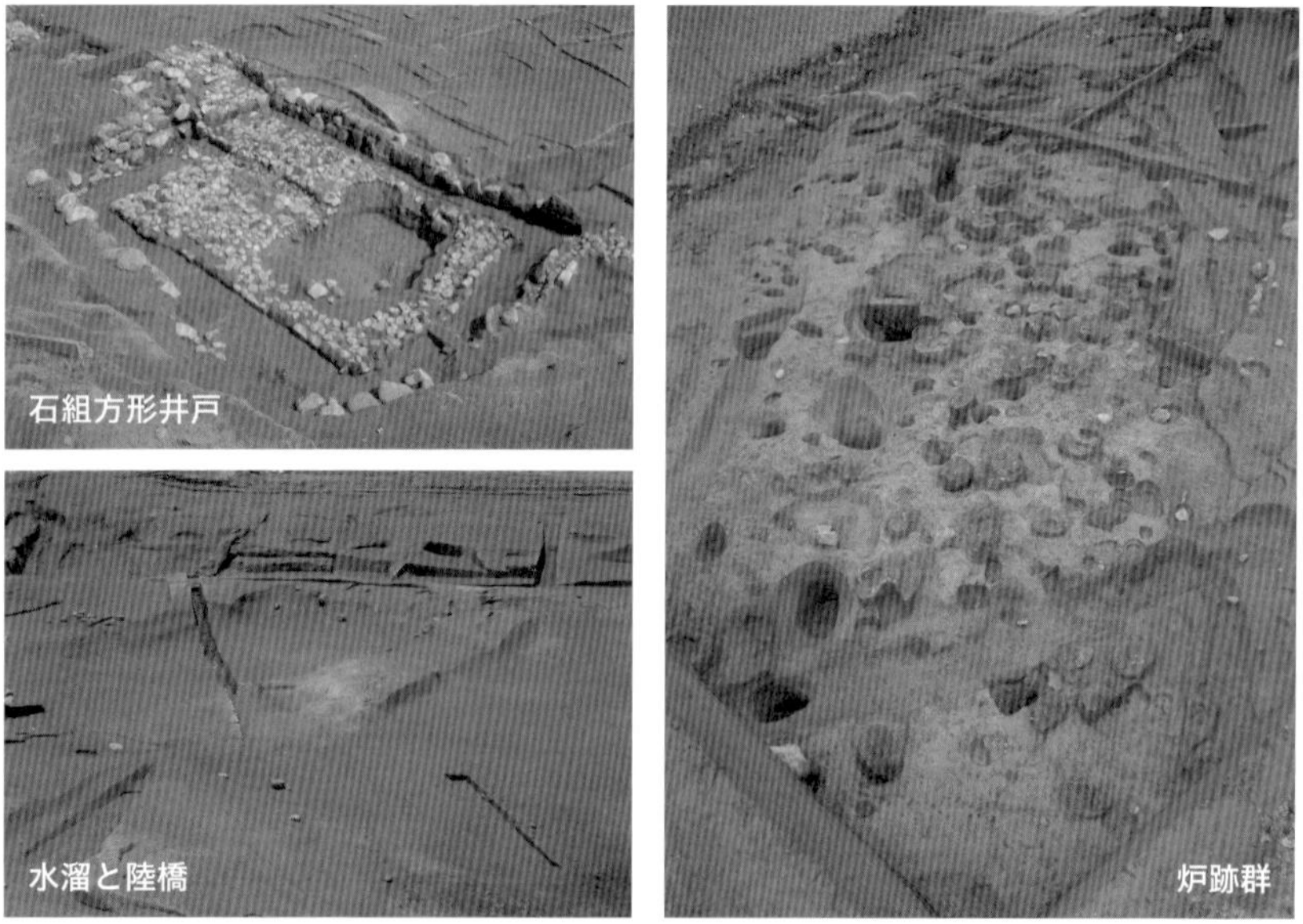

図16　飛鳥池遺跡で見つかったさまざまな遺構

名前をさらに有名にしたのは、富本銭が発見されたことです（図18）。私が小学校のころには、「和同開《わどうかい》弥《ちん》」が七〇八年に鋳造された日本初の流通貨幣であるといわれ、教科書にも富本銭という記載はほとんどありませんでした。これまでも、富本銭は全国から出土していましたが、きわめて少量であることから、江戸時代の遊びに使う絵銭だといわれたり、古代のものである可能性が指摘された後も、井戸跡などから出土する例が多いことから、流通貨幣ではなく、まじないに使う厭勝銭《えんしょうせん》だと考えられてきました。

ところが、飛鳥池遺跡の二つの大きなゴミ捨て穴から、富本銭に関連する遺物が非常に多く出土したことが、これらの考えに再考を促すことになります。ゴミ捨て穴の中には、坩堝《るつぼ》や羽口《はぐち》、富本銭の鋳型があり、それ以外にも側面を研ぐ際に使用するヤスリや砥石なども出土しました。これにより飛鳥池遺跡で、一貫した工程のもとに大量の富本銭が生産されていたことに疑う余地はなくなりました。富本銭の出土数は破片も入れて五〇〇枚以上であり、関連遺物の分析からは一万枚以上が鋳造されたと推定されています。

『日本書紀』天武天皇一二（六八三）年夏四月壬申（四月一五日）には「今より以後、必ず銅銭を用いよ、銀銭を用いることなかれ」と記されています。一方、富本銭が出土した同じ土層から見つかった木簡には、丁亥（六八七年）と記されていました。和同開弥流通以前の銅銭についての『日本書紀』中の記述年と、富本銭が出土した層位の年代が一致したことから、富本銭は日本初の鋳造貨幣であり、都城を中心に流通していた可能性が高いことがわかりました。

これらの発掘調査の成果により、奈良県立万葉ミュージアムの設計は一部変更され、遺跡の大部

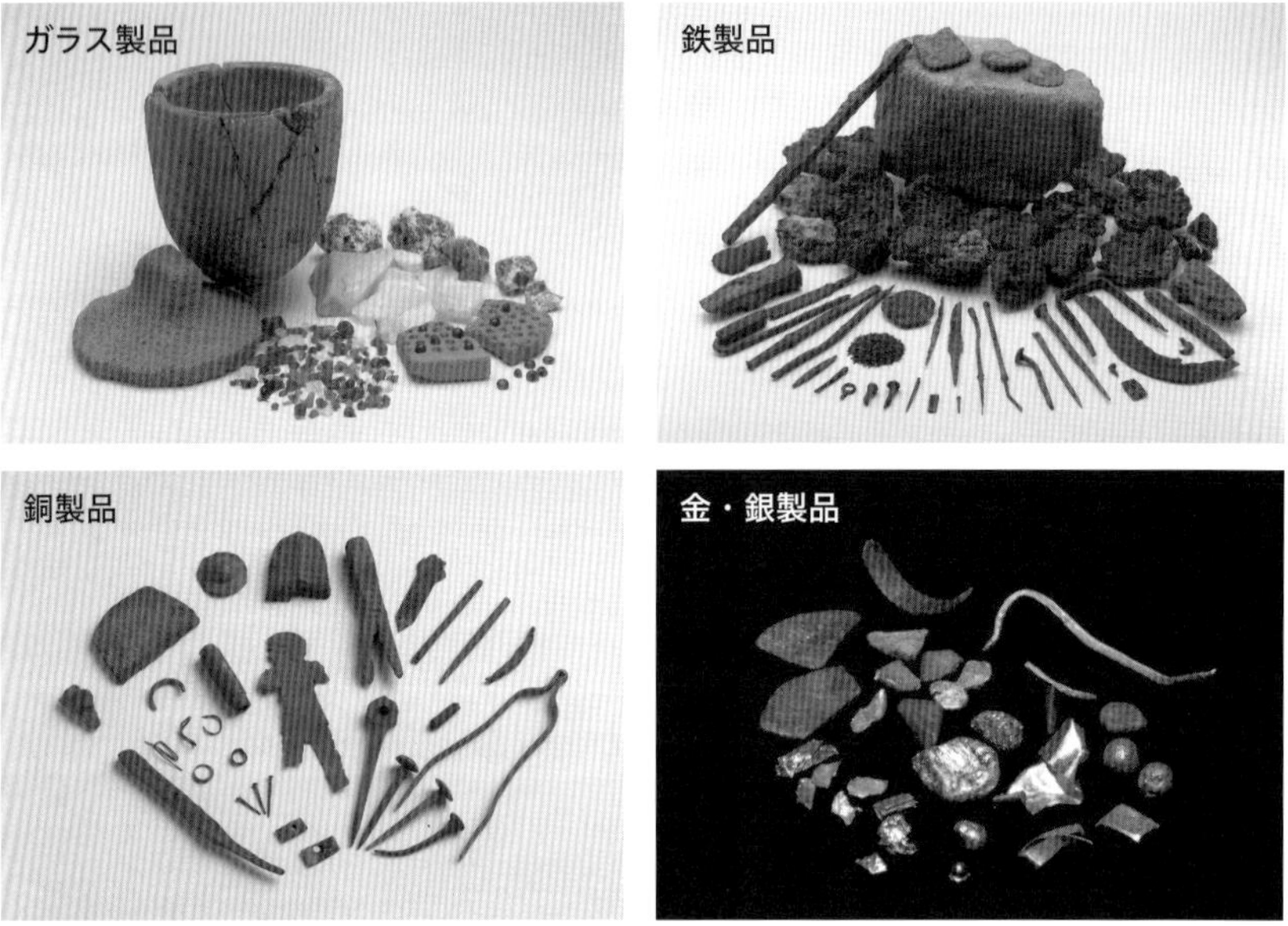

図17　飛鳥池遺跡で見つかった遺物

図18　飛鳥池出土の富本銭と鋳棹

分は保存されました。平成一三年、飛鳥池遺跡は日本の貨幣鋳造史に大きな足跡を残した遺跡として史跡に指定されました。現在では小学校の教科書でも、日本最古の鋳造貨幣として広く紹介されています。

おわりに

以上、奈文研の六〇年の歴史を振り返りながら、その設立の理念、そして概ね一〇年ごとに話題を集めた発掘調査成果の一部を紹介してまいりました。これら紹介した遺跡を含めて大小さまざまな遺跡の発掘調査を当研究所は行ってまいりましたが、その長い歴史の積み重ねとして、発掘調査を行った遺跡の数は、平成二三年度末段階で二〇三二か所を数えています。重点的に発掘調査を行ってきた平城宮跡と藤原宮跡は、それぞれ総面積の三七％、一四％に達しています。その研究成果は、わが国の歴史を語るうえで欠くことのできない貴重なデータとなるとともに、平城遷都一三〇〇年を記念して竣工した平城宮第一次大極殿の整備（**図19**）などに代表される、遺跡の活用に寄与しているところです。

図19　復原された平城宮第一次大極殿

以上で、私からの最初の発表を終わりにさせていただきます。この後の発表では発掘調査にかかわる、あるいはそれ以外のさまざまな奈文研の取り組みをご紹介いたしますので、ご期待くださ い。ご静聴どうもありがとうございました。

参考文献

・奈良国立文化財研究所飛鳥資料館　一九八三年『飛鳥の水時計』飛鳥資料館図録第十一冊　奈良国立文化財研究所
・田中琢　一九八四年『平城京』古代日本を発掘する三　岩波書店
・奈良国立文化財研究所飛鳥資料館　二〇〇〇年『飛鳥池遺跡』飛鳥資料館図録第三六冊　奈良国立文化財研究所
・松村恵司　二〇〇九年『出土銭貨』日本の美術　五一二　至文堂
・箱崎和久　二〇一二年『奇偉荘厳の白鳳寺院　山田寺』シリーズ遺跡を学ぶ八五　新泉社

古寺社の古文書が語りだす歴史
―南都の古文書調査から―

吉川　聡
文化遺産部歴史研究室長

よしかわ・さとし
一九六九年　栃木県生まれ
一九九八年　京都大学大学院文学研究科博士後期課程単位取得退学
一九九九年　奈良国立文化財研究所研究員
二〇〇五年　奈良文化財研究所主任研究員
二〇〇八年　現職
現在の専門分野は、日本史学

今日のテーマは「遺跡をさぐり、しらべ、いかす」です。しかし私の話は「遺跡」とは少しずれていまして、人の手によって昔からずっと伝えられてきた、伝世品の文化財の話をいたします。というのは、平城京には都が京都に遷った後にも、古代以来の寺社が存在し続けました。それらは単なる遺跡ではなく、現在も存続しているのです。それらのお寺や神社には、数多くの文化財が保存されてきました。そのような、人の手によって伝えられてきた文化財を調査するのも、奈良文化財研究所（以下、「奈文研」と略す）の重要な業務の一つと位置づけられています。私が所属する歴史研究室では、その中の古い文書や書物など（「古文書《こもんじょ》」と総称しておきます）の調査を、研究所発足以来六〇年にわたって、継続的に行ってきました。地味な仕事ですが、文化財を把握する最も基礎的な作業を担っています。

東大寺の古文書

有名な古文書には、奈良では、たとえば東大寺の正倉院に伝来した古文書があります。奈良時代の戸籍・経典や、著名人直筆の文字などもあります。そのような有名なものは管理も行き届き、時には奈良国立博物館の「正倉院展」で展示されることもあります。しかし我々が調査しているのは、そのような古文書ではありません。昔の人が何百年も前に使って保管しておき、そのまま寺社のお蔵の中で眠っているような古文書です。このような未整理の古文書は、まだまだたくさん残っているのです。

古文書調査の流れを簡単にご紹介しておきます。

たとえば図1は、東大寺にある古文書の箱です。この箱は大きいですから、この一箱だけで、何百点もの点数になるはずです。どんなものがはいっているのかまったくわかりませんので、まずは収納状態を簡単に記録したうえで、取り出して内容を確認します。冊子本《さっしぼん》、巻物《まきもの》、一紙だけのものなど、形も時代も千差万別です。なので分類して番号をつけ、ラベルを貼ります。その後調書をとり、写真撮影をしていく、という作業をします。図2は他の寺院の例ですが、調査風景のスナップです。手前では調書をとり、奥では写真撮影をしています。

このような作業を積み重ねて、最終的には古文書の目録を作成します。図3は歴史研究室が作成した出版物です。開いているのは興福寺の古文書の目録です。何箱の何号はどんな古文書か、ということが、何百頁も続きます。難しい文字が延々と並ぶ目録ですので、一般的にはまったく面白くない本でしょう。

しかしこのような目録は、非常に重要なものです。目録がなければ、どんな古文書があるのかわかりません。たとえ古文書を手に

図1　東大寺が所蔵する未整理の古文書箱

図2　古文書調査風景

とっても、いったん箱に戻したら、どこにあるのかわからなくなってしまいます。そんな状態では、歴史を語る材料として使えない、ということになります。目録ができると、それが文化財の管理台帳になり、かつ、利用の基礎データになります。このような地道な調査によってはじめて、文化財として把握され、史料として使えるようになります。

東大寺に伝来した古文書は、正倉院にある奈良時代の古文書などは、早くから整理されていました。しかしそれ以外の中世文書などは、奈文研の調査によって詳細が明らかになりました。その結果、価値が認められて、東大寺文書は一九八四年に重要文化財に指定され、さらに一九九八年には国宝に格上げされました。しかし、東大寺にあるすべての古文書の整理が終わったわけではありません。**図1**にあるように、未整理の古文書はまだまだあります。それらは現在も奈文研が、調査を続けているところです。

図3　歴史研究室作成の出版物

興福寺の古文書

奈良で東大寺と並ぶ大寺院といいますと、興福寺を挙げることができます。ただし興福寺には、平安時代以前の古文書は比較的少ないのです。というのは、平安時代の最末期に、平清盛と奈良の仏教界とが対立します。そこで一一八〇年に、清盛の息子の平重衡が奈良に攻め込み、南都を焼き払う、という事件が起こります。興福寺はその火災で全焼してしまいます。現在興福寺には、この時以前の古文書はとても少ししか残っていません。多くはこの時に燃えてしまったのでしょう。一方の東大寺については、南大門や大仏殿が焼けたのは有名な話です。しかし正倉院をはじめとして、古文書を納めていたお蔵は、大仏殿などよりももっと北のほうにありました。だから火が回らずに、古代の古文書が残ったのです。

また、興福寺は明治初年の廃仏毀釈の影響を強く受けた寺院です。そのため、一時とても衰えてしまいます。このころに興福寺の五重塔が売りにでたけれども買い手がつかなかったという話があるほどです。そのような経緯の中で、興福寺の手を離れて、現在は他の機関が所蔵している古文書も多くあります。このように、古文書の残り方にも、歴史が反映しています。

それでもさすがは興福寺。現在も多くの古文書を持っています。その中で多いのは、仏教の教えを記した書物です。なかでも、論義草《ろんぎそう》と呼ばれているものが多くあります。たとえば**図4〜8**は一冊の本の、最初と最後の部分の写真ですが、これが論義草です。最初の部分である、**図4・5**の文字を次に示しておきます。

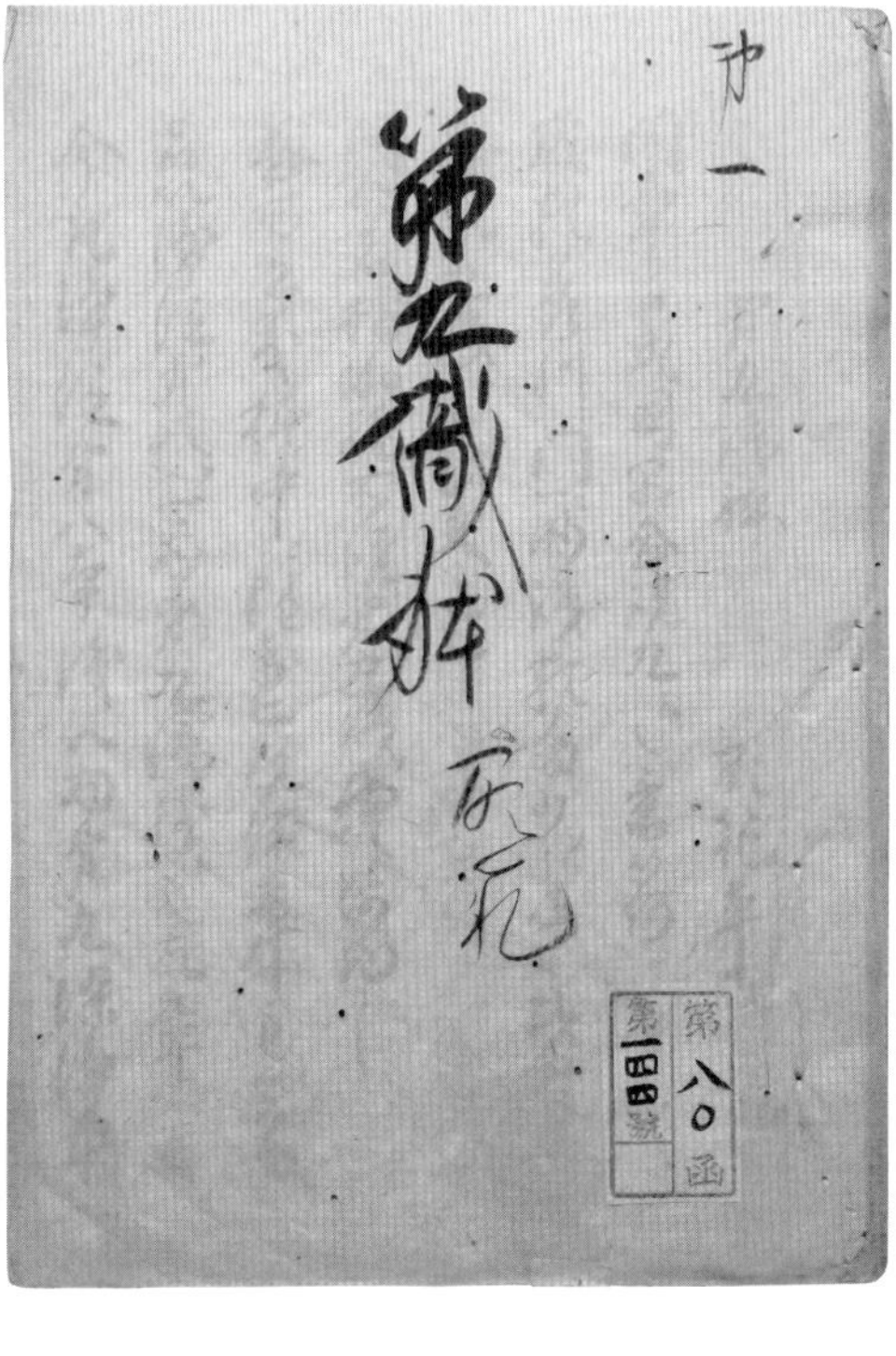

図4　論義草「第九識体」表紙
（口絵カラー参照）

（表紙　図4）

第一

第九識体顕範

（巻首　図5）

第九識体　　顕範草

問、章云、或因果合説九云々、意如何、　答、付顕類差別門ニ、明識類多少ヲ之中、或因果合説九識ト云、此文意也、（以下略）

表紙（図4）には「第九識体」という題名が書いてあります。これが議論するテーマです。その下にある「顕範」とは、作文した僧の名前です。他の史料を参照すると、顕範は鎌倉時代の興福寺僧のはずです。

表紙をめくったところが、図5です。一行目にまた題名・僧名があり、二行目から本文が始まります。本文はまず「問」とあり、文章には「或因果合説九」とあるけれども、その意味はどういうことですか、と質問をしています。それに対して「答」とあり、こうい

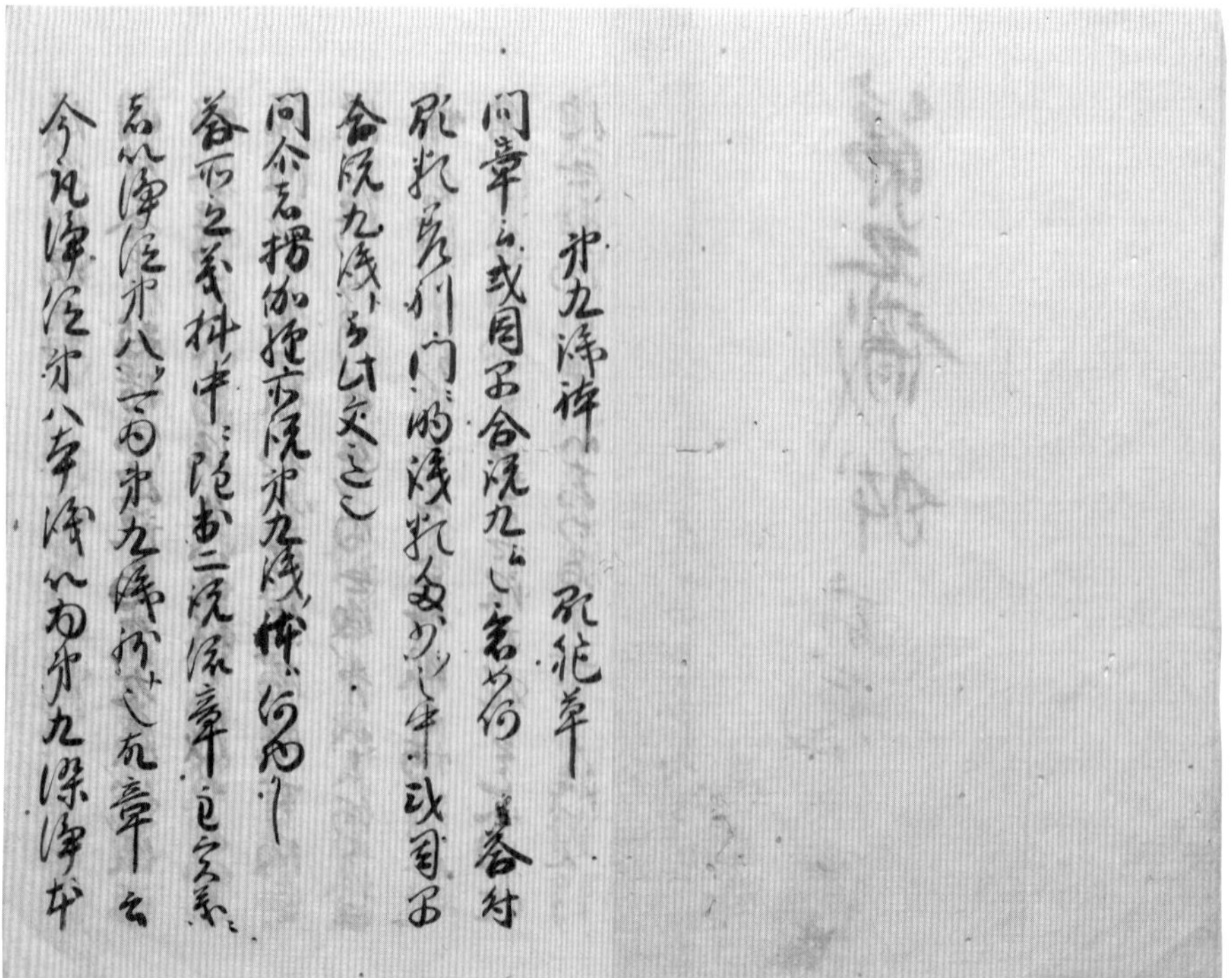

うことが文の意味ですよ、と答えています。その後は釈文を省略しましたが、以下も「問」「答」が続き、それではこれはどういうことですか、と、さらに問答が展開していきます。つまり僧侶同士が仏教の教えについて、議論を戦わせています。

この古文書は、その議論の台本としてつくられたものです。このようなものを論義草と呼んでいます。その内容はとても哲学的で、私のような仏教の理解が浅い人間には、なかなか理解できません。奈良仏教というのは、もともと学問としての性格が強かったのです。だから、このような議論を戦わせることが多く、そのために、数多くの論義草がつくられました。ですからこのような論義草も、奈良仏教の性格を示す貴重な文化財です。ただ、このような難しい古文書が何百点も続くのですから、私のような者にとっては、それを読むのはなかなか骨が折れる作業になります。

論義草奥書が語る歴史 一

しかしそのような古文書からも、時には興味深いことがわかることがあります。図にだした論義草から、そのことをご説明したいと思います。この論義草は先述のように、その一部は「顕範」という、鎌倉時代の興福寺僧が作文したものです。しかし、現在残っているこの古文書は、鎌倉時代のものではありません。これは江戸時代に写された写本です。図6～8はこの本の巻末の部分ですが、図8の左ページ、本の末尾をみてみますと、「延宝六年八月日」と書いてあります。ここから、この本は延宝六年に写されたことがわかります。延宝六年とは西暦一六七八年。元禄年間の少し前です。このような、本の最後に記してある文のことを奥書《おくがき》と呼んでいます。

▶図5　巻首（口絵カラー参照）

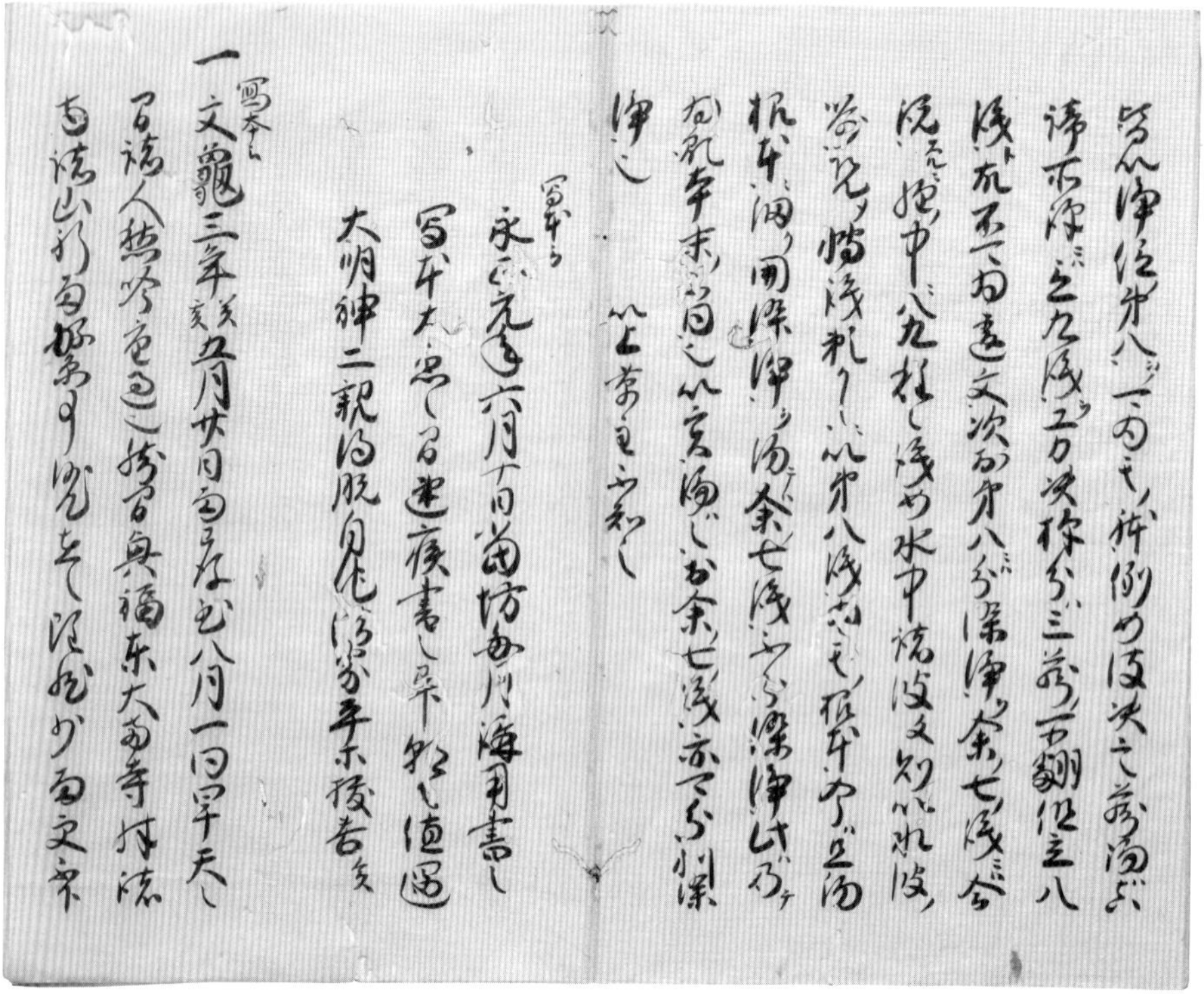

▲図6　巻末の奥書部分

▼図7　巻末の奥書部分（続き）

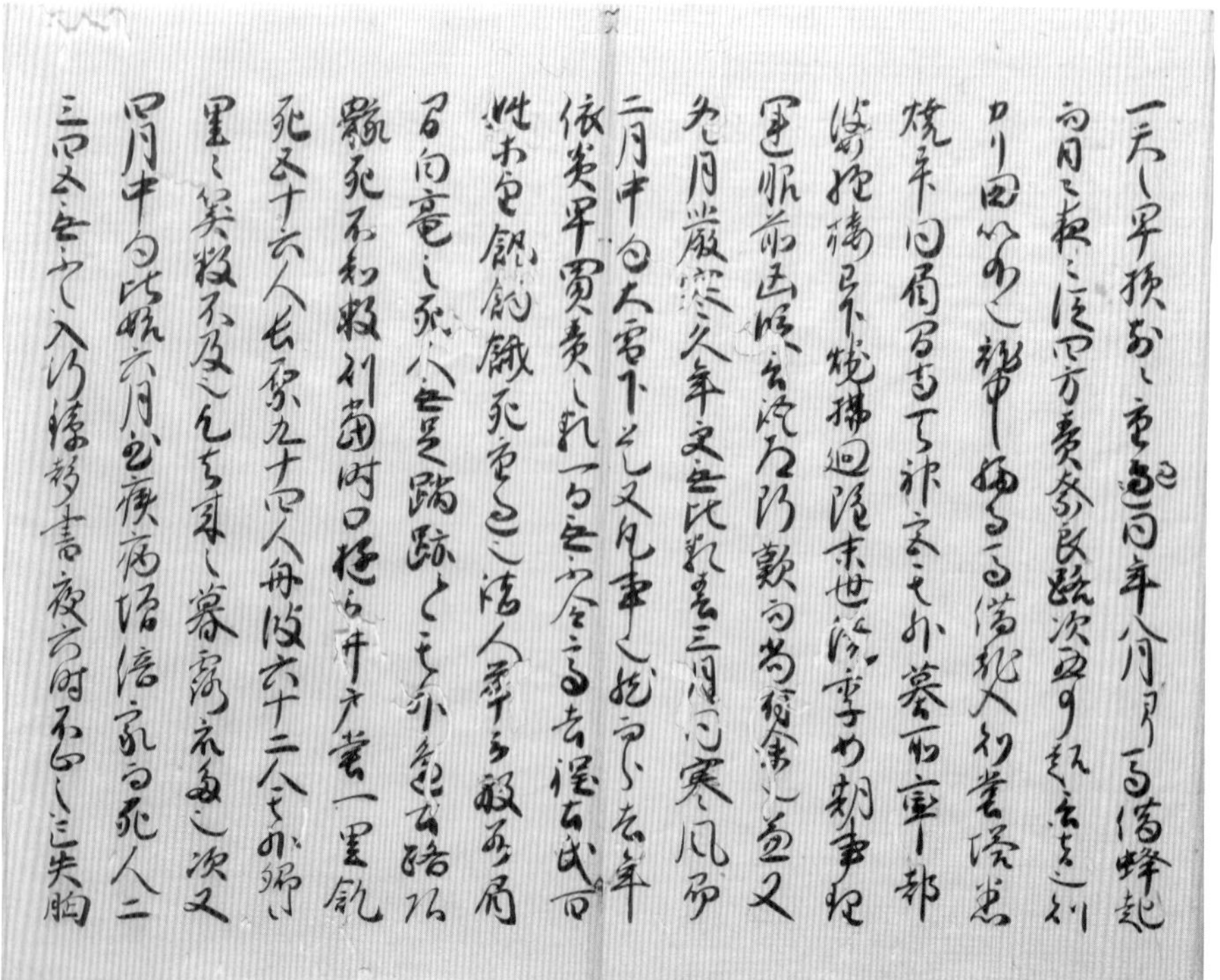

ただしこの本は、鎌倉時代の本を、江戸時代の人が直接写したものではありません。その間の室町時代に、鎌倉時代の本を写した人がいて、それをもう一度、江戸時代の人が写したものです。奥書の前の部分の、図6の左ページの一行目に、「写本云《い》わく、永正元年……」とあり、永正元年、西暦一五〇四年に書写したことを書いた奥書があります。一五〇四年といいますと、応仁・文明の大乱も終結し、戦国の世に移っていくころの時代です。その時代に写された写本を、江戸時代の人は、その奥書も一緒に書写しているのです。このように、後世に書き写された奥書のことを、元々の本にあった奥書という意味で、本奥書《ほんおくがき》と呼んでいます。

この古文書の本奥書は、とても長大です。図6の左ページから始まり、図7、さらには図8の右ページまで続きます。その言葉を読んでみましたので、次に示しておきます。頭に（6左）などとあるのは、図6の左ページの意味です。また、文章の意味が区切れると

図8　巻末の奥書部分（続き　末尾）

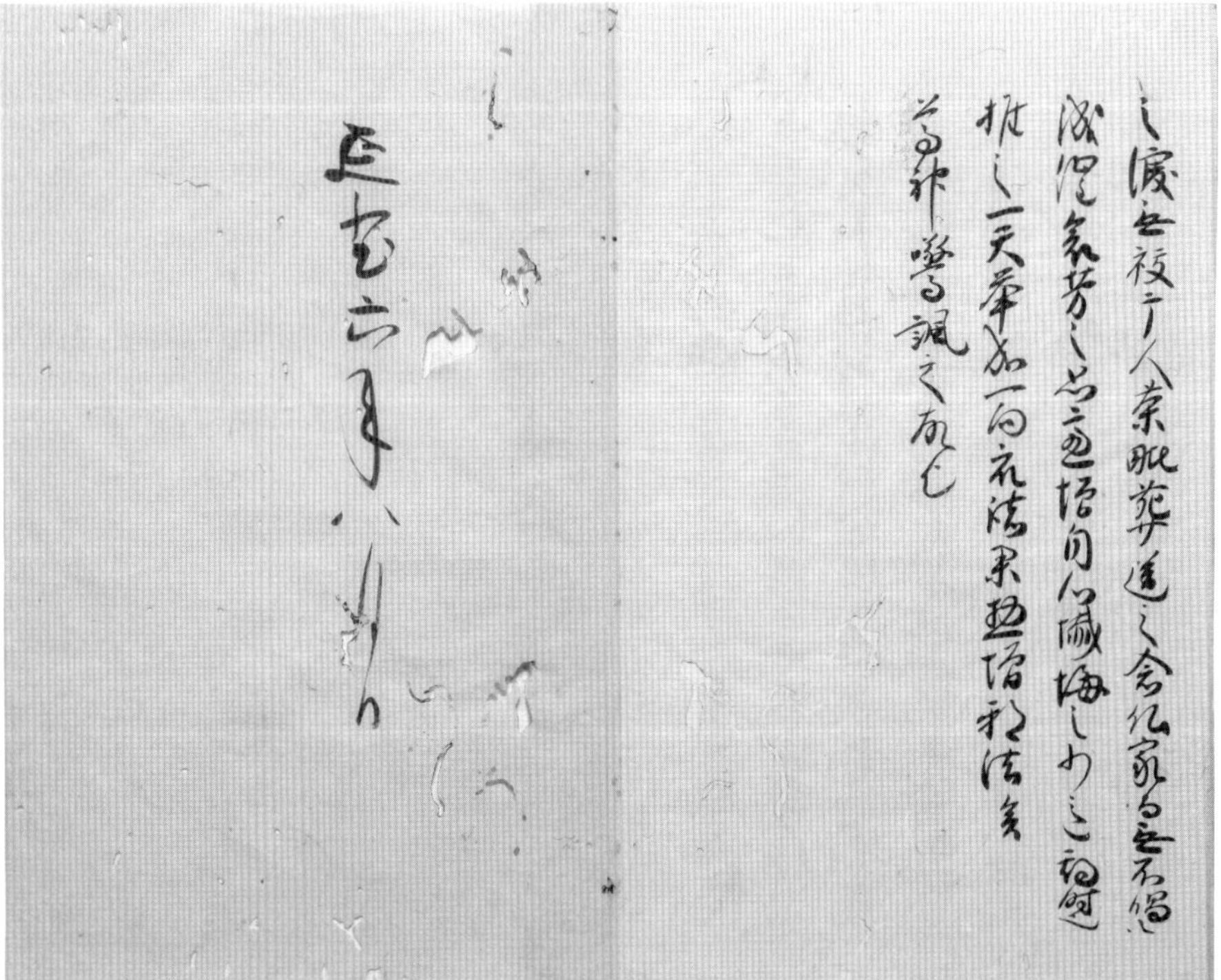

ころに、私が適宜、(a)・(b)などと番号を打っておきました。

（6左）

(a)写本云

永正元年六月十日、当坊毎月講用書之、

写本大急之間、速疾書之畢、願者値遇

大明神、二親得脱、自他法界平等抜苦矣、

(b)一写本云

文亀三年癸亥五月廿日雨已後、至八月一同早〔旱〕天之

間、諸人愁吟重過也、然間興福・東大両寺、殊諸

寺・諸山、祈雨繁事沙汰在之、雖然少雨更不下、

（7右）

一天之早〔旱〕損前々重辺《ミ》《過》、(c)同年八月《ヨリ》馬借蜂起

而日々夜々従四方責奈良、路次悪事超言者也、則

カリ田以外也、就中福寺馬借乱入、則堂塔悉

焼畢、同眉間寺・天神宮、其外墓所率〔卒〕都

婆・経楼已下焼払廻、雖末世澆季、如期〔斯〕事理

運眼前凶段、言語道断歎而尚有余也、(d)兼又

冬月厳寒、久年更無比類、春三月同寒風、即

二月中旬大雪下、是又凡〔非脱カ〕事也、然而分〔自カ〕去年

（7左）

依炎早〔旱〕、買〔売カ〕責之類一向無不令高、去程土民百

姓等、望〔坐カ〕飢餲〔渇カ〕餓死重過也、諸人挙云、般若・眉

間・白毫之死人無足踏跡云々、其外辺土路頭
骸〔餓カ〕死不知数、則当時口遊云、井戸堂一里飢
死五十六人、長原九十四人、丹波六十二人、其外郷々
里々算数不及也、凡去来之暮露衆多也、(e)次又
四月中旬比始六月至、疾病増倍、家而〔内カ〕死人二
三四五無不之〔候カ〕、入行鐘声書〔昼〕夜六時不止之、亡失胸
(8右)之涙、無被于人荼毘、葬送之念佛家而〔内カ〕無不唱之、
誠催哀労之思慮、増自心懺悔之少意期時也、
(f)推之、一天挙成一向衆、諸業惣増邪法矣、
尊神驚〔警カ〕颯之故歟、

この本奥書は江戸時代の写本ですから、写し間違いもあります。たとえば四行目、(b)の下のほうに「早〔旱〕天」とあります。これは、文字は「早」としか読めないのですが、内容を考えれば、「旱」の写し間違いのはずだ、という意味です。そのように、考えながら読んでいくと、だいたいの意味は通じます。

論義草奥書が語る歴史　二

そのようにして読んでみた、読み下し文を以下に掲げておきます。

(a)写本云わく、永正元年（一五〇四）六月十日、当坊の毎月の講用にこれを書く。写本は大急ぎの間、速疾《そくしつ》にこれを書きおわんぬ。願わくは大明神に値遇《ちぐう》し、二親得脱し、自他法界平等に苦しみを抜かん。

(b)写本云わく、一つ、文亀三年（一五〇三）癸亥《みずのとい》五月二十日に雨ふりて已《い》後、八月に至るまで一同旱天《かんてん》の間、諸人の愁吟《しゅうぎん》重く過ぐ。然る間、興福・東大の両寺、殊に諸寺・諸山、雨を祈りて繁《しげ》きこと沙汰これあり。然《しか》りといえども、少しの雨も更に下《ふ》らず。一天の旱損、前々に重く過ぐ。(c)同年八月より馬借《ばしゃく》蜂起して、日々夜々、四方より奈良を責む。路次の悪事は言を超えるものなり。則ちカリ（刈）田は以《も》っての外なり。なかんずく、福寺《ふくでら》に馬借乱入し、則ち堂塔悉く焼きおわんぬ。同じく眉間寺《みけんじ》・天神宮、その外、墓所卒塔婆《そとば》・経楼已下焼き払い廻る。末世の澆季《ぎょうき》といえども、かくの如きことの理運眼前する凶段は、言語道断、歎きてなお余り有るなり。(d)兼ねてまた、冬の月は厳寒にして、久年、更に比類なし。春三月も同じく寒風にして、即ち二月中旬に大雪下る。是れまた凡《およ》その事にあらず。然れども去年より炎旱に依り、買売のたぐいは一向高からしめざること無し。さる程に土民百姓等、坐して飢渇・餓死すること重なり過ぐるなり。諸人挙《こぞ》りて云わく、般若・眉間・白毫《びゃくごう》の死人、足の踏跡無しと云々。その外、辺土・路頭の餓死、数知れず。則ち当時の口遊《くちずさみ》に云《い》わく、井戸堂一里に飢死五十六人、長原九十四人、丹波六十二人、その外、郷々・里々、算《かぞ》うる数も及ばざるなり。凡そ去来の暮露《ぼろ》、衆多《しゅうた》なり。(e)次にまた四月中旬ごろより始まり六月に至り、疾病増倍し、家内に死人二・三・四・五も候《そうろ》わざる無し。入行の鐘の声は昼夜六時に止まず。胸の涙を亡失し、人を荼毘《だび》せらるること無し。葬送の念仏、家内に唱えざること無し。誠に哀労の思慮を催す。自心懺悔の少意を増す期時なり。(f)これを推すに、一天挙りて一向衆と成る。諸業惣《すべ》て邪法を増す。尊神警諷の故か。

簡単に意味を述べておきます。

(a)は要するに、永正元年(一五〇四)六月一〇日に、僧の部屋での講義のためにこの本を書写した旨を書いています。

(b)からは、その前年である文亀三年(一五〇三)から、飢饉があったことが書いてあります。以下のような話です。文亀三年の五月二〇日に雨が降ってから、八月まで雨が降らず、日照りで皆苦しんだ。この時代は太陰暦ですから、今と季節は一か月ほどずれています。五月は今の六月頃、八月は今の九月頃にあたります。ですから、梅雨の後半から夏の間、ずっと雨が降らなかったことになります。そこで、興福寺や東大寺をはじめ諸所で雨を祈ったけれども、まったく雨が降らず、以前よりもひどい日照りになってしまった。(c)そのため、秋に馬借(運送業者)が蜂起した。ここで、馬借が蜂起したというのは要するに、土一揆が起きたということです。その土一揆の民衆が、四方から奈良を攻撃して、その途中で、言葉にできないほどの悪事を働いた。苅田《かりだ》、つまり勝手に稲を刈り取ってしまったり、福寺・眉間寺・天神宮などの寺社を焼き払ってしまったり。この福寺という寺は、奈良の旧市街の南方にあり(図9参照)、古代には福田院と呼ばれていた寺院です。このころに土一揆に襲われて衰退してしまい、今は地名が残るのみです。眉間寺とは、奈良の北方、聖武天皇陵付近に、明治初年まであったお寺です。天神宮とは、奈良の東に今もある、高畑町の天神社のことと思われます。これらの立地をみると、実際に、土一揆が奈良の外側から市街地にはいろうとして攻撃している様子が読み取れます。それについて筆者は、末世の衰えた世の中とはいっても、こんなことを実際に目にするなんて……、と嘆いています。

(d)続いて冬になると、久しくなかったほどの厳寒で、春になっても寒風が吹き、二月中旬（現在の三月）でも大雪が降った。まったく普通のことではない。だが、物価は一向に高いまま。そうしているうちに民衆は飢えてどんどん餓死していった。皆がいうには、般若寺・眉間寺・白毫寺には死者で足の踏み場もなく、その他、道ばたで餓死している人たちも数え切れない。噂では、井戸堂・永原・丹波市（いずれも天理市の町名）では、それぞれで餓死者が五〇人から一〇〇人近く。そのほかの農村も皆数え

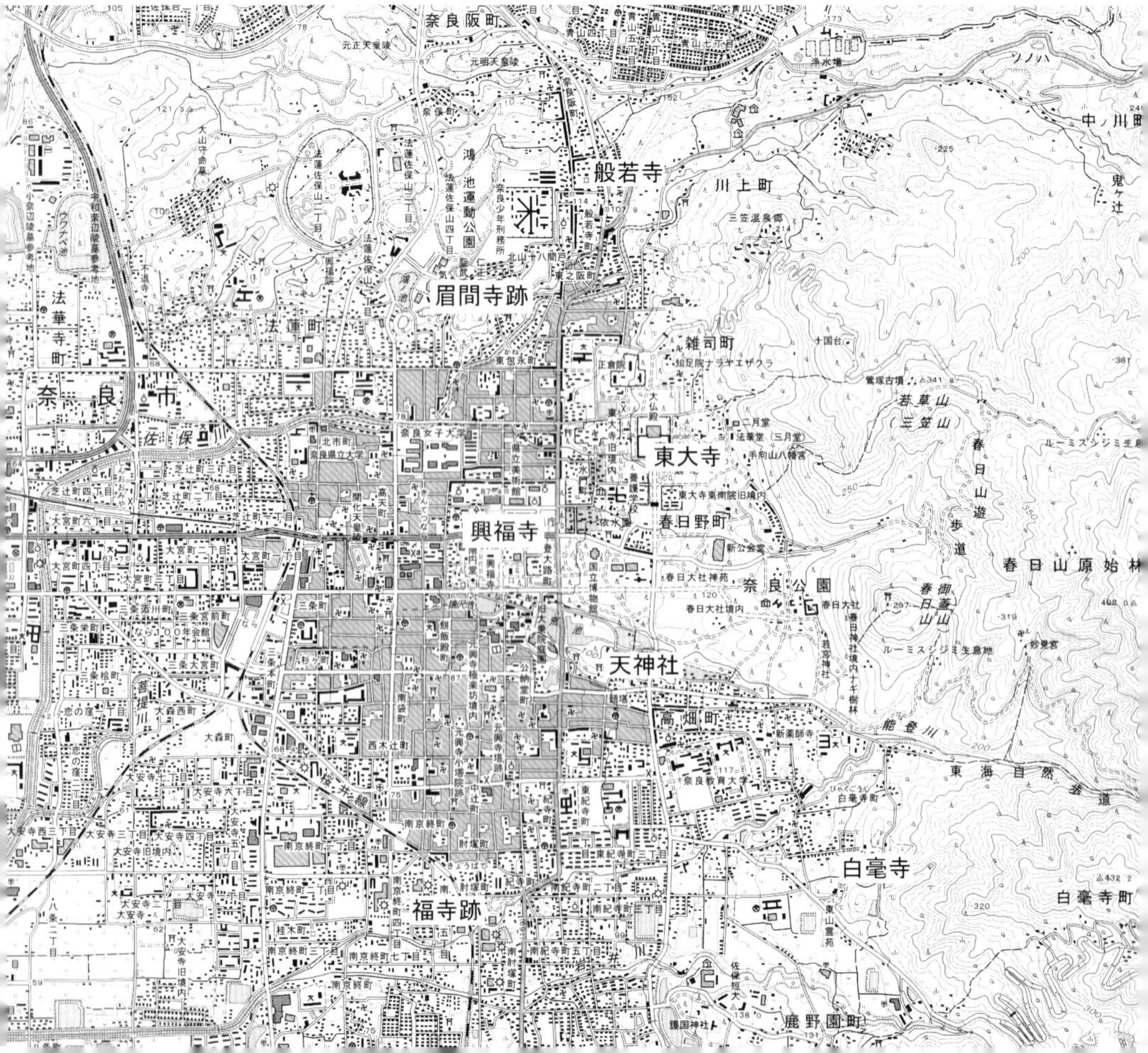

切れないほど。行き交う乞食も数多い。(e)さらにその後四月から六月の初夏のころには、疫病がはやり、どの家にも死人が何人もいる状態。お寺の鐘は止まず、涙も涸れ果て、火葬もできなくなってしまった。念仏は家内に絶えず、かわいそうで、自分自身も懺悔の気持ちでいっぱいだ。

(f)なぜこんな災害が起こったのか。考えてみると、世の中には一向宗が流行している。すべての行いに邪法が増えている。だから尊い神が戒めているのだろうか。

興福寺奥書が語る歴史　三

この長い本奥書からは、いろいろなことが読み取れます。まず一五〇三年から一五〇四年の飢饉に関しては、全国的には知られていました。しかし奈良については、詳しい記録はありませんでした。ひとこと、「二条寺主家記抜萃《ばっすい》」という史料に、「天下飢饉、餓死多し。和州は特に多く死す」とあった程度です。今回の本奥書によって、奈良の悲惨な実態が、はじめて明らかになりました。それも、被害拡大の様子が具体的に読み取れます。(b)梅雨から夏にかけて雨が降らずに米が穫れなかった。(c)その結果、秋に土一揆が起きた。このときの土一揆とは、命の危機に直面した人々

図9　奈良の地図

が、食料を求めて起こしたギリギリの行動だったのでしょう。単に、幕府の権威が落ちて民衆の力が上がったから土一揆が起きるのだ、などと簡単に考えてはいけないことがわかります。

(d)冬は寒く、物価は上がり、しかも春先にまで寒さが続いたので、飢えと寒さに耐えきれずに餓死者が多くでてしまった。(e)そして弱って抵抗力が落ちていたので、初夏には流行病がはやり、それでまた多数の死者をだしてしまった、ということなのでしょう。我々現代人の想像を絶するような、飢饉の悲惨な実態が、とても生々しく描かれています。

(f)そして最後に、筆者の感想が述べられています。筆者はこの災害の原因を、一向宗がはやったからだといっています。一向宗は鎌倉新仏教の一派です。興福寺は旧仏教の側です。旧仏教の僧侶が、一向宗に対して警戒心を持っていたことがわかります。実際、この三〇年ほどの後の天文元年(一五三二)には、奈良でも一向一揆が起きています。土一揆と一向一揆には、かなり共通する部分があるように思います。

ここで視点をかえて、ヒノキの年輪幅と対照させてみましょう。**図10**をご覧下さい。このグラフは、奈文研で年輪年代学を研究した光谷拓実がつくりあげたグラフです。グラフの横軸は西暦の年代です。一五〇〇年前後の数十年間を抜き出しました。縦軸は年輪の幅で、上にいくほど年輪の幅が広い、つまり生長が良いことを表し、下にいくほど生長が悪いことになります。みてみますと、

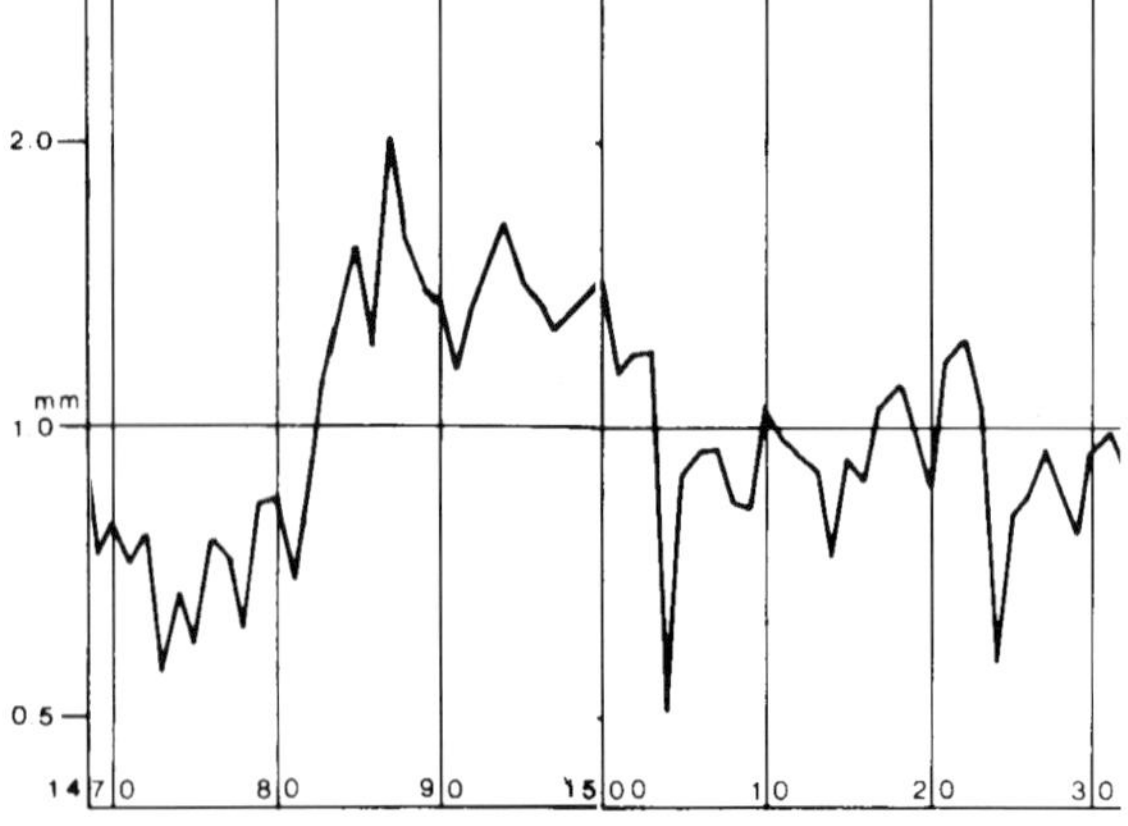

図10　ヒノキの暦年標準パターングラフ(1470～1530年)

この前後の時代で、一番生長が悪い年は、一五〇四年です。それは飢饉の二年目、冬から春にかけて寒かった年です。最近の研究では、ヒノキの生長は春先の気温と深い関係があるという研究があります。そのような研究と対応するように思います。

このような記録をみてみますと、前近代の生活や社会、さらには政治・経済までもが、気象条件に大きく影響されていたことが読み取れます。私のような、豊かな現代社会に育った人間には実感しにくいことですけれども、記録にみえる「干魃」や「疫病」といった文字や、木に刻まれた年輪などにも、じつは重い歴史が隠れているのかもしれません。昔の人たちは雨乞いなどを神仏によく祈っています。昔の人がそのようなことをまじめにやっている姿は、今まで私などは、ちょっと冷めた目でみてしまうところもありました。しかし今回の史料のように、人間の力ではどうしようもできない自然の脅威によって、自らの生活、さらには生命までもが簡単に破壊されてしまうという状況をみると、昔の人が神仏にすがる気持ちも、理解できるような気がいたします。

おわりに

まだ整理されていない古文書というのは、今まで注目されていなかったので、整理せずに置いておかれたものです。だから傷みが進んでいたり、内容が難しくて、理解できないようなものも多くあります。しかしそのような古文書も、それを書き、写し、保存してきた人たちが、思いをこめて残してきたものです。伝世文化財というのは、それを残そうとした先人たちの努力の結果、現在にまで伝えられたものなのです。

そのような先人たちの思いをふまえると、内容が難しくても、汚れて傷んでいても、真摯に向き合わなければ、と思わずにはいられません。そのようにしてがんばって調査し、語る言葉に耳を傾けると、時には、今までまったく知らなかった世界が、ぱっとみえてくることがあります。どんな古文書からも逃げずに、その語る言葉に向き合い、それを後世に残していく。それが我々の努めと思い、日々調査に励んでいます。

古文書調査は、マスコミなどに華々しく取り上げられることは少ない分野です。しかしこのような業務が文化財行政の基礎にあり、かつ、歴史を語る基盤となっていることを、理解していただきましたら、私は本望でございます。

参考文献

・堀池春峰監修　綾村宏・永村眞・湯山賢一編集『東大寺文書を読む』思文閣出版、二〇〇一年

・山本信吉『古典籍が語る―書物の文化史―』八木書店、二〇〇四年

・吉川聡「興福寺の論義草奥書にみえる歴史―戦国時代南都の飢饉・一揆・武将―」『奈良文化財研究所紀要』二〇〇九、一六～一七ページ、奈良文化財研究所、二〇〇九年

・藤木久志『飢餓と戦争の戦国を行く』朝日選書六八七、朝日新聞社、二〇〇一年

・M. Ohyama, H. Yonenobu, J-N. Choi, W-K. Park, M. Hanzawa, and M. Suzuki, Reconstruction of northeast Asia spring temperature 1784-1990, Climate of the Past, Volume 9, pp261-266, 2013

掘らずに土の中をみる

—遺跡探査の応用と成果—

金田 明大

埋蔵文化財センター主任研究員

かねだ・あきひろ

一九七一年　神奈川県生まれ

一九九六年　岡山大学大学院文学研究科修士課程修了

一九九六年　奈良国立文化財研究所研究員

二〇〇八年　現職

現在の専門分野は、日本考古学

はじめに

私は、考古学が専門です。平城宮跡、飛鳥藤原地域での発掘調査にかかわってかれこれ一六年ほどたちますので、さきほどの渡辺さんの話を聞いていて懐かしく思いました。考古学を専門としている者にとって発掘調査は面白い作業です。土を丁寧に一枚一枚掘り取ると同時に変化する状況に頭を悩ませ、それについてさまざまな仮説を立て、その仮説を検証するためにさらに掘り進めていくのが発掘調査の醍醐味です。ただし、人間が行うことにはさまざまな限界、問題があります。それらを解消しようと考えるからこそ、人間は素晴らしい、面白い存在です。発掘調査も当然、さまざまな問題を抱えています。それを紹介しつつ、今回は発掘調査とは別の方法で遺跡から情報を取り出すための試みについてご紹介させていただきます。

発掘をしていると、見学にこられる方にいろいろな質問をいただきます。通学途中、下校途中の子どもたちや、たまたま通りかかった人からお話をいただくこともあります。また、全国の数多くの発掘成果を紹介するため、現地で説明会を行うことがありますが、そのような席でもさまざまな質問がでます。専門で発掘調査しているといいながらも、回答に困ったり、研究の先端の課題について質問され、勉強不足を痛感することも多々あります。その中でよくある質問として、「発掘でなぜ埋もれた遺構、柱の痕跡などがわかるのですか」というものがあります。

実際に発掘現場をみていただければある程度ご理解いただけるかと思いますが、土は一度掘りあげると、その部分の性状が変化します。地表から地下奥深くまで同じ性状の土が堆積していることはほとんどありません。そのため、一度掘ると、掘った深さまでの土がまぜこぜになります。すぐに埋め戻しても、多くの場合、まぜこぜになった状態で埋められるので、周りの掘られていない、動いていない部分の土と状態が大きく変化して痕跡が残ってしまいます。また、一度掘ると、空気に急激に触れるため柔らかくなったり、それまで活動が制約されてきた細菌類がいっせいに活動をはじめて性状が変化します。さらに、柔らかくなった土が堆積しているところに雨が降ると、水がたまり、そこで動植物や細菌類の活動が活発化します。発掘調査はこのような土の性状の違いに着目して、過去の人々が大地にはたらきかけ、残した痕跡を明らかにしていく作業です。土の違いをみきわめ、先人の営為を明らかにすることは、非常に心の躍る作業です。

しかし、発掘自体も土を動かす行為であることにかわりありません。発掘をすれば土が動きます。過去の人が活動の痕跡を大地に刻みつけて残したのと同様、発掘調査の痕跡を残すことになります。発掘した遺跡は、土を戻しても元に戻したことにはなりません。発掘は遺跡の状況を改変する行為でもあります。先人たちが残した痕跡と同様、土を掘り下げて状況をかえることに違いはないのです。

発掘調査に初めて臨むときに、まず先輩方にいわれることは、「発掘調査自体も遺跡の破壊ともいえる」ということです。掘ってしまうと、かつての状況を復元することは困難です。発掘は一度しかできない実験である、という言葉の重みと責任を感じながら研究者は調査に臨まなくてはなりません。

加えて、発掘で遺跡の全容が明らかになることは、非常に稀です。発掘調査をするまでは、埋もれている下の状況はよくわかりません。掘ってみないとわからないなどとよくいいますが、**図1**

の例は、私が担当した現場での失敗といえば失敗です。立派な石垣がでていますが、この石垣の存在は最後の段階になってようやく気づきました。数センチ下がどんな状況になっているか想像することは困難です。闇の世界です。とはいえ、立派な石垣に、なぜ最後まで気づかなかったのかといわれれば、私の不明を恥じるしかありません。

言い訳させていただくと、ある調査区を設定したら、その調査区の一番縁の部分を排水を兼ねて、下の層位やどんなものがあるかの見当をつけるために深く掘り下げることをよく行います。その箇所を参考に、土の堆積状況を確認しながら、徐々に範囲を広げて土をはがしていきます。しかし厄介なことにというか、私が調査区を設定したのが見事だったのかわかりませんが、この調査では石垣がこの掘り下げた部分の少し手前で終わっていました。そのため、縁を深く掘った段階では、石垣の存在がわかりませんでした。どんどん作業を進め、最後に、ようやく石垣の存在が明らかになったのです。

発掘調査は常にこのような危険性、問題点を抱えています。そして、広く発掘調査ができる例は稀です。もっと小さな面積

だと、出土しても遺構の向きや性格が不明のままであることもあります。部分的にしか掘れないと、その少し五〇センチ隣に何が埋まっているかわかりません。掘っていない部分に大事なものがあるのではないかと、発掘調査をしていくと常に感じます。この恐怖は調査を行うものが常に持っているものです。

発掘調査を医療になぞらえて説明しましょう。たとえば、おなかが痛いとき、病院にいきますが、お医者さんは、いきなり、「おなかを切ってみましょう」とはいわないはずです。そんなことをいわれたら、藪医者、といいますか怖い医者です。どこが悪いか、原因はなにかを探るために問診や触診をしたり、脈をとったり、超音波やCTスキャナー、MRI検査などさまざまな方法で患部や病因を特定し、そのうえで、必要によっては手術をすることになります。

発掘調査は、遺跡に対する手術のようなものですから、事前に問診・触診や超音波診断にあたるものがやはり必要と思います。それが、探査です。遺跡にメスを入れる前に土中の情報を知る技術です。

探査……判読

探査は、判読と物理探査に大別することができます。このうち判読は、現在の地表の状態を観察することで地下の状況を知る方法です。たとえば、地下に深い穴が掘られていた場合、長年たつとだんだんと穴の周りの土が変化します。土を掘り返すと土が空気を含んで柔らかくなり、それを埋め戻すので、時間がたつと土が沈んでいきます。そうすると、上にあった土も一緒に沈みます。そ

▶ 図1　数cm下は闇（奈良県石神遺跡）

のため、よくみると、地面の微妙な起伏ができます。そのことで遺跡の存在を知ることが可能であることがあります（**図2**）。

たとえば、非常に硬い石の壁や煉瓦などが埋まっていると、周りの土がだんだん沈んで締まっていくのに対して、石や煉瓦が埋まっているところは少し飛び出して残ります。そうなると、そこは写真を撮ると影がついたようにみえます。それをシャドーマークと呼んでいます。

また、掘られた穴の部分は水がたまりやすい状況にあると、上まで水が吸い上げられてその部分だけ、湿っている状況が観察できることがあります。それをソイルマークと呼んでいます。

さらに、その上に草が生えたり、日本では稲や麦など同じ植物が育っている場合、たとえば、壕などの痕跡で地下の水分が豊富であったり、動物が活発に活動して土が肥えた部分では草が高く生えるようになり、下に硬いものがあるなど根を張りづらい部分では草の丈が低くなります。このような状況をクロップマークと呼んでいます。

それらの痕跡は、航空写真や人工衛星の画像や地図から探すことができます。これを「判読」と呼んでいます。たとえば、**図3**をよくみると、少し四角い形にみえるかと思います。これは、中

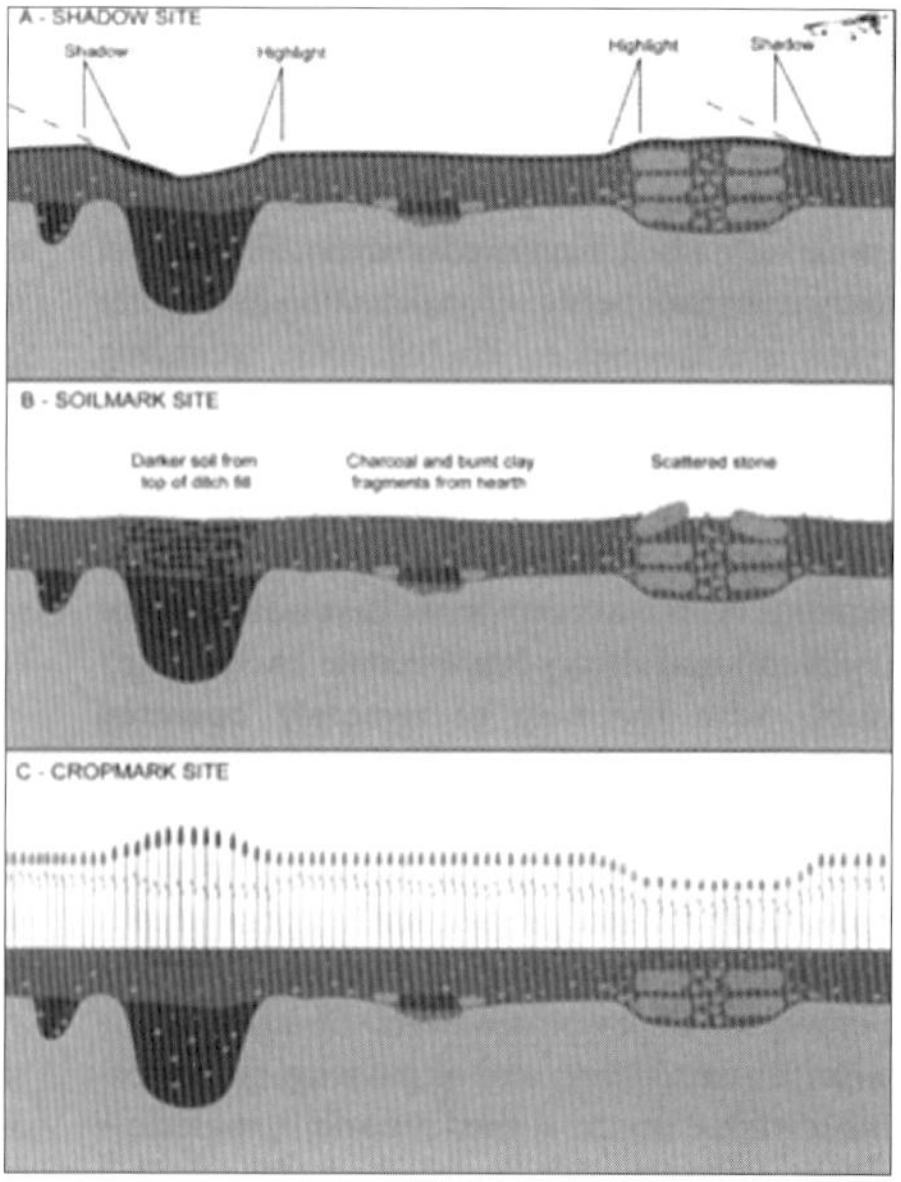

図2　判読（Introduction of Archaeologyより）

世の武士の館跡ではといわれていました。そして最近の成果で、茨城県の郡衙の跡だといわれています。このような痕跡が大地に刻まれたまま残っていて観察できる場合があります。

空中写真による遺跡の把握で著名な例として、辛亥の年の銘がある獲加多支鹵大王の鉄剣が出土したことで有名になった埼玉稲荷山古墳があります。これは、もともとは前方後円墳でしたが、前方部は削られて田んぼになっていましたが、航空写真でみると（**図4**）、前方部が確認されました。また、前方部の壕の部分が少し湿っている状況や、高い四角い形状が観察でき、これが壕と壕を区切る堤であることが発掘調査で確認されています。

最近では、国土地理院がだしている国土変遷アーカイブ空中写真閲覧システムや、Google earthなどネットワーク上で気軽に空からの写真や画像を閲覧し、状況を検討できるようになってきましたので、皆さまもお住まいの地域や興味のある地域で遺跡の痕跡

図3　写真による観察（茨城県井上長者遺跡）

を探してみてはいかがでしょうか。とはいえ、遺跡を知るための基本は現地を観察し、歩くことです。現地に足を運ぶこともお忘れなく。

探査……物理探査

より地中の詳細を把握したい場合には、地中の土壌や埋蔵物の物理的な差異を検討する物理探査が有効です。判読は、遺跡の状態やその地域の自然条件、環境条件に左右されるため、どこにでも応用できるものではありません。

物理探査にはいろいろな方法があります。一つは、資源、石油や金鉱、鉄、温泉や地下水などの調査や、最近では道路の下に埋まっているガス管や水道管を工事前に場所を特定する目的で活用する多様な手法が開発されています。奈文研では、一九六〇年代から開発や応用を進めてきました。

よく使われる物理探査には、地中レーダー（GPR）探査と、電気（比抵抗）探査、それと磁気探査の三つがあります。地中レーダー探査では、アンテナから電磁波を地下に発信し、土と土の境や、石があればそれに反射される電磁波を計測して地下の状況を知ります。作業の迅速性や解像度

図4　古墳と周壕の形
（埼玉県埼玉稲荷山古墳）

の高さに利点があり、もっとも多用する技術です。周波数に応じて可能な探査深度と解像力が変化します。作業は、設定したメジャーに沿って機器を操作し、等間隔でデータを計測するのが一般的です（図5）。多いときには、一日一〇キロメートルほど機材を持って歩く地道な作業で、夏や冬には特に過酷な作業です。

　また、電気探査では、鉄の棒を地面に打ちつけて電流を流しながら、棒と棒のあいだの電気抵抗を測定していきます（図6）。どの部分の地下は電気が流れやすく、どの部分の地下は電気が流れにくいかといったことをもとに地下の状況を知る方法です。

　そして、地中に鉄のような磁気を持っている物質があったり、熱せられて七七〇度以上になると土のなかの鉄分は、そのときの磁北の方向にそろって固定します。この性質を利用して、地下にある瓦や土器を焼いたような窯、日々火

図5　地中レーダー（GPR）探査

をたいていた竈のようなものを探すときに向いている方法です。

図7はレーダーで、平城宮の大極殿の前にある回廊を調査した例です。大極殿院の南の門の両側に少し高い建物の楼閣が想定されています。この楼閣の西側の廊の柱跡が発掘調査で確認されました。ここには大極殿を囲む回廊がつながることが発掘調査でわかっていましたが、そこはまだ発掘していなかったことから、その状況について探査により検討してみました。探査の結果を示していますが、その断面の表示をよくみると、両側に白っぽく表示されている強い反射があり、その中が少し出っ張って高くなっている部分があります。それが回廊の基壇部分になります。回廊の基壇の両側にある白く強い反射は、落下した瓦礫の類が厚く積もっている状況を反映しています。その下に若干みえるのが、廊下の屋根から落ちる水を受けるための排水溝、雨落溝です。隣接部分での実際の発掘調査では雨落溝、回廊が確認されています。そのこととあわせると、廊下が保存状態がよいまま残っていることがわかりました。

図6　電気（比抵抗）探査

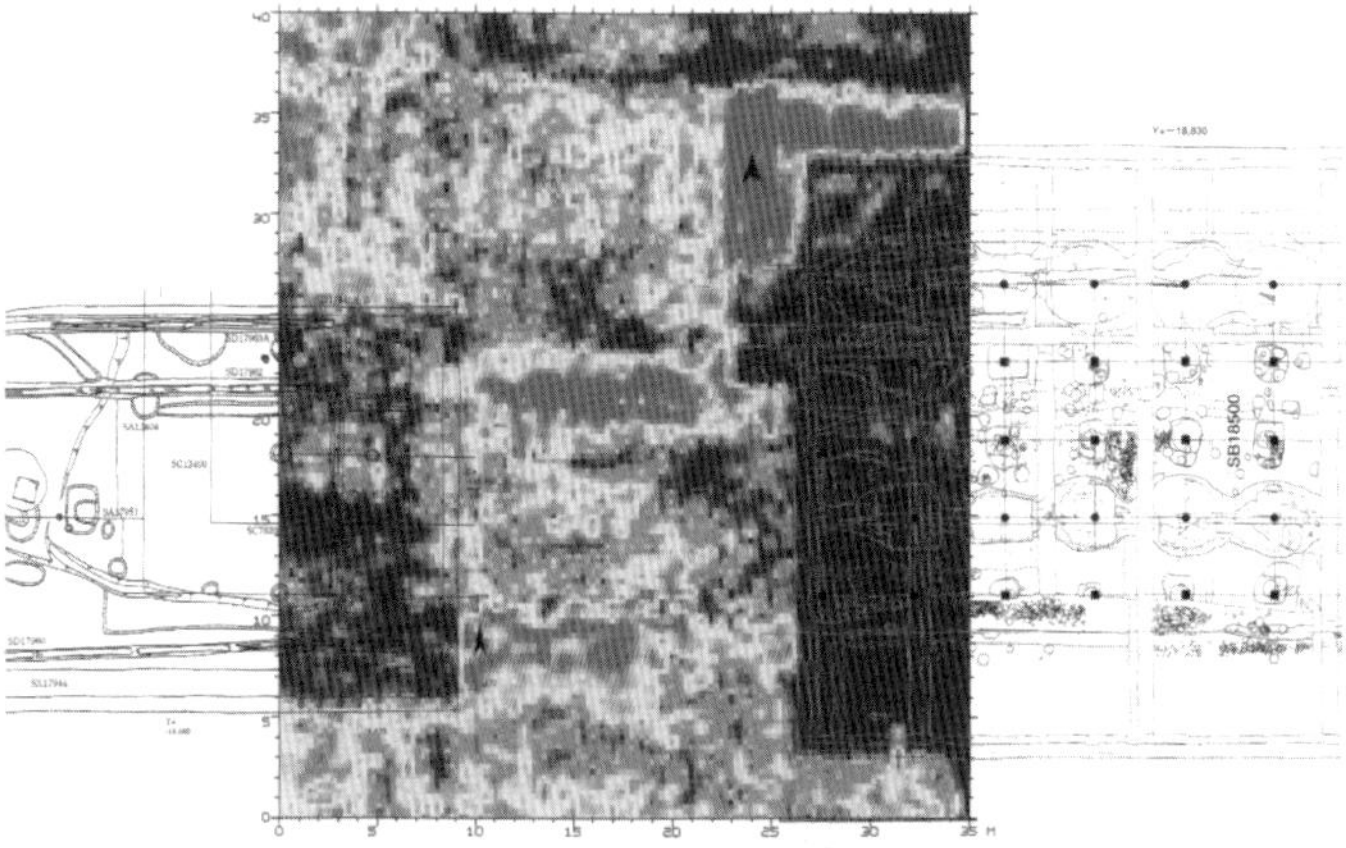

GPR探査成果平面図（16-20ns）

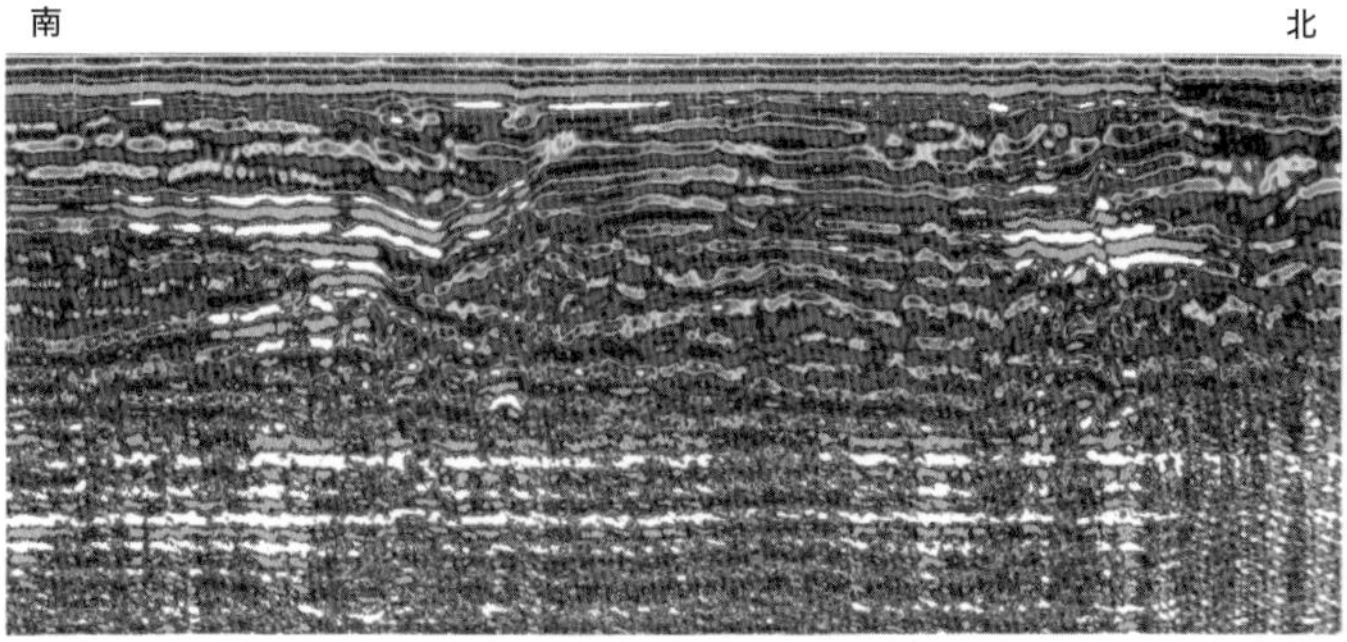

GPR探査成果断面図（一部：回廊付近）

図7　平城宮大極殿院回廊

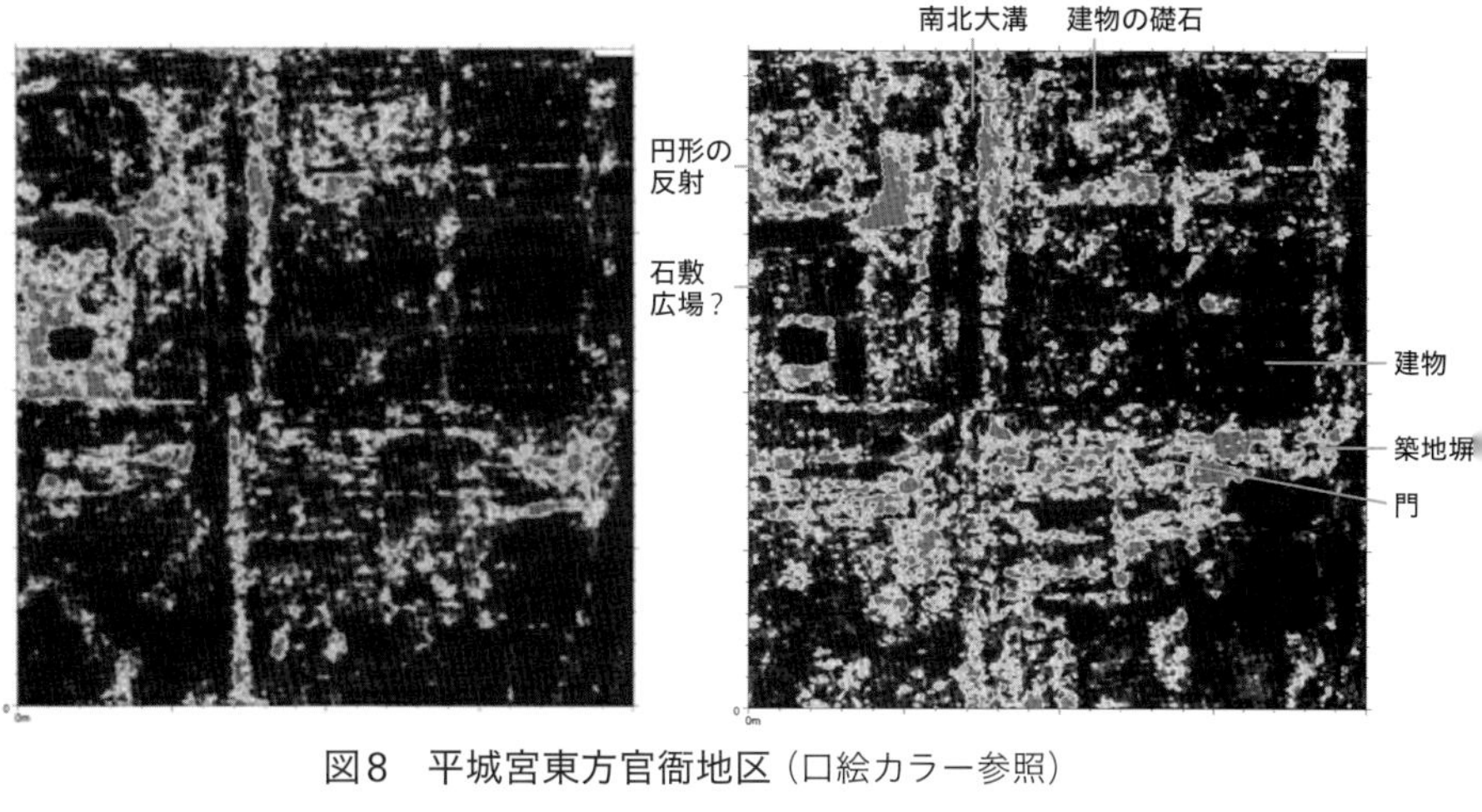

図8　平城宮東方官衙地区（口絵カラー参照）

図8は平城宮の東方官衙地区の探査例です。渡辺さんから話のあった造酒司の若干南側の地域で、発掘調査前にどんな遺構があるかレーダー探査を行ったところ、反射が等間隔に点状に並んでおり、それが四角形に観察できます。これらは建物の礎石であろうと考えました。二重に四角く礎石が回ることから、四面廂の建物が想定できます。そして、この部分には合計六棟の建物の存在を想定することができました。図で薄くみえている点々が建物の柱の跡だろうと考えていますが、こちらは反射がそれほど強くないので土を掘って柱を据える掘立柱の建物だと考えました。結果を基に、発掘地点を絞ることとしました。

この調査区の周辺の調査成果からは遺構が確認できる面まで若干深いと考えられていたので、最初に重機で土を取り去ることが一般的ですが、レーダー探査の結果、浅いところに建物跡があると予想されたことから担当者には気をつけて掘ってもらいました。結果は、予想通りでした(**図9**)。礎石と指摘した部分に、礎石が深さ二〇センチ弱のところから出土したので、ここを重機でがっとはずすと礎石にあたって位置が動いたり、遺構が壊れていたかもしれません。このように発掘調査と連携しながら調査を進めることがで

図9　結果

きるのが、探査技術の一つの利点です。

東大寺の東塔

東大寺の東塔院は、東大寺の主要伽藍の一つで、現状では基壇部分が残るだけですが（図10）、文献資料によれば、東塔があり、その周りに回廊があって、回廊の四方向の中心に門があることと、西塔は八間半四面の東塔より一回り小さい八間四面であったことがわかっています。

この東塔を、建築史学の天沼俊一さんは現存する京都の東寺の五重塔より大きな規模で復元をされています（図11）。私は生まれていませんが、大阪万博のときに、この復元案をもとに古河館のパビリオンが建設されたのでご記憶の方もおられるかと思いますが、あれがまさに東大寺の七重塔です。

最近では研究が進み、私の一年先輩の箱崎さんが建築史学、考古学、文献史学の最新の成果をもとに図12のような復元をされています。機会をいただきまして、残っている基壇を研究することで遺跡の在り方の理解をより深めるために探査を実施しました。その結果が図13です。深さごとの表示をご覧いただいていますが、初めは地表の状況で、少したつと、塔の周りに幅広く弱い反応がみえます。瓦や礫が基壇の周りに落ち

図10　東大寺東塔

日本万国博覧会EXPO'70
（Wikipediaより CC BY-SA）

天沼案東大寺七重塔立断面図　東寺五重塔　元興寺小塔（10倍）　法隆寺五重塔　当麻寺東塔

図11　塔の比較

ている状態を反映しています。さらに深く探査していくと、はっきりとした線上の構造が現れ、中央の四隅は少し飛び出した状態、つまり階段がついているのでしょう。今は芝生の張られた小山のようなかたちで残る基壇のなかに、かつての基壇の外側の化粧を行うための外装石が遺存していることを明らかにしました。

さらに範囲を広げると、どうも廊下状に細長く抜けている部分があり、その両側に瓦が強く落ちているようです。この塔の基壇の正面に少し膨らんだ部分があ

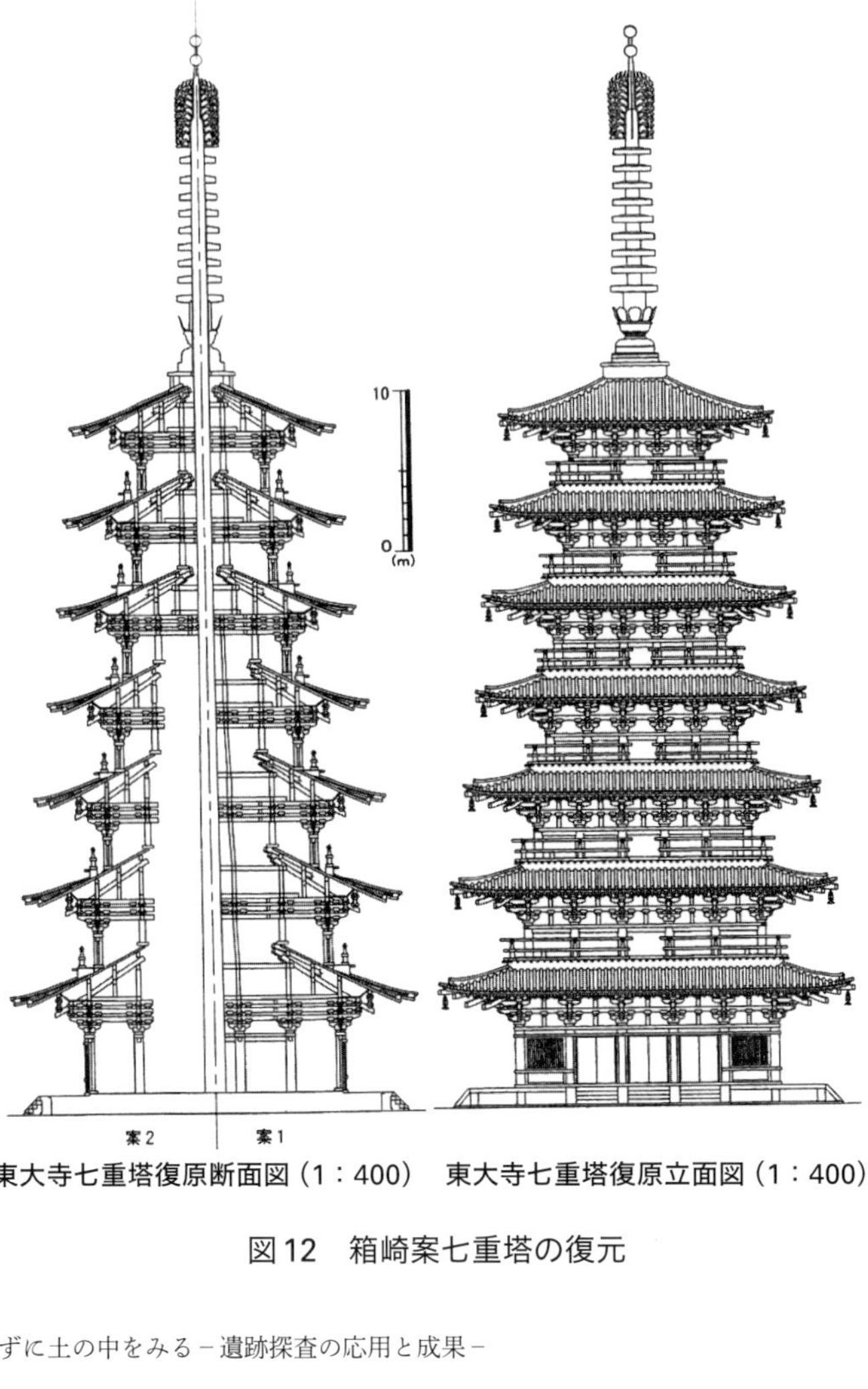

東大寺七重塔復原断面図（1：400）　東大寺七重塔復原立面図（1：400）

図12　箱崎案七重塔の復元

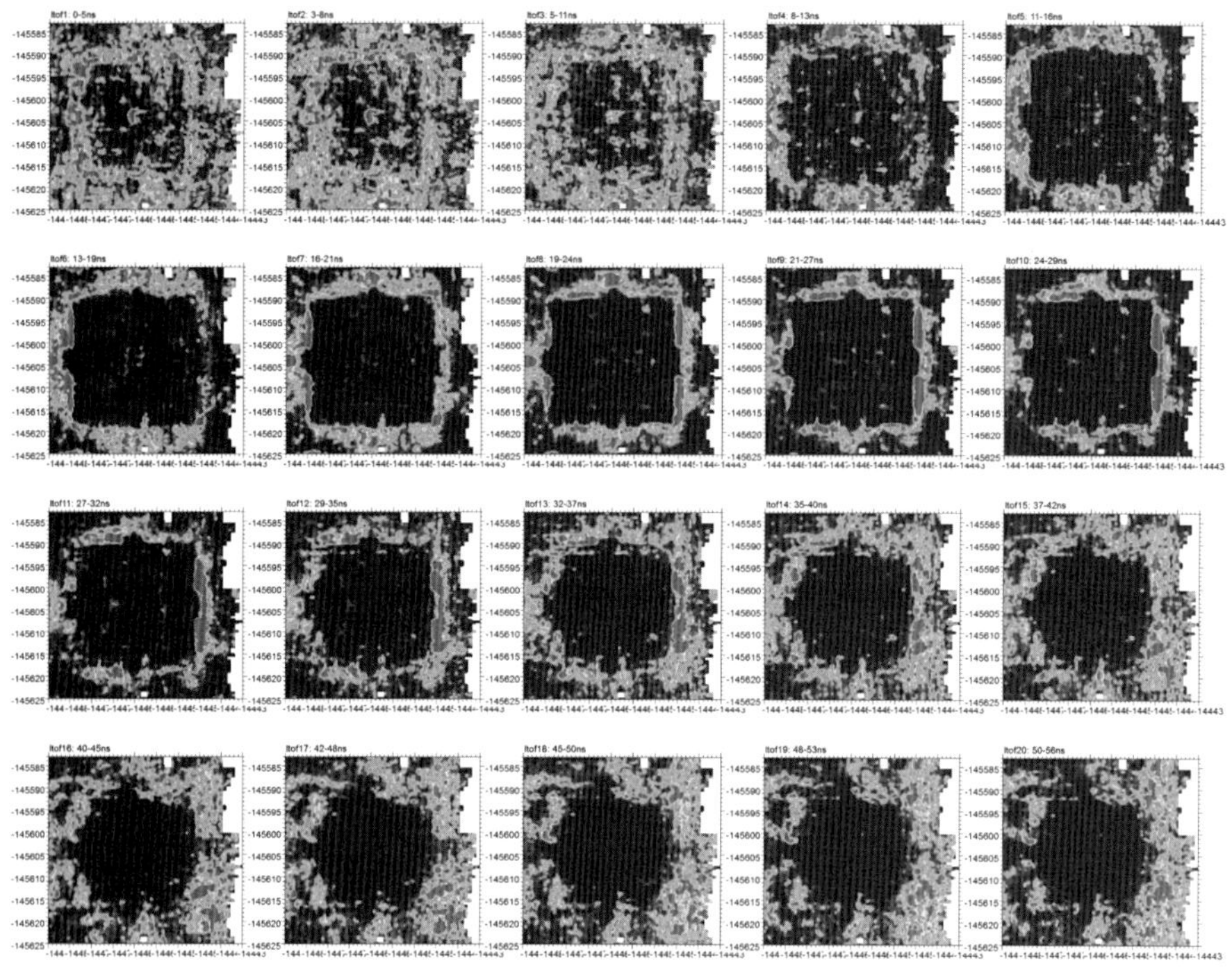

図13　東大寺東塔基壇

図14　東大寺東塔院の確認

り、これを門だと推定すると、文献に記載されていた回廊と門が今でも地中に残っていると推測されます（図14）。このように、発掘調査前でもある程度の情報を得ることができます。

広範囲の探査と官衙全容の把握へ

広い範囲を対象にした例もあります。図15は、群馬県の天良七堂遺跡、新田郡衙の比定地です。後の世、鎌倉時代末から南北朝時代に、鎌倉幕府を倒した新田義貞が本拠地にした地域です。その新田郡衙は、発掘調査で大きな政庁が確認された郡衙として話題になりました。その郡衙の範囲を明らかにするため、群馬県太田市教育委員会が精力的に発掘調査を行い、成果をあげられています。それと並行して遺跡の範囲を探査と部分的な発掘で知るために探査を実

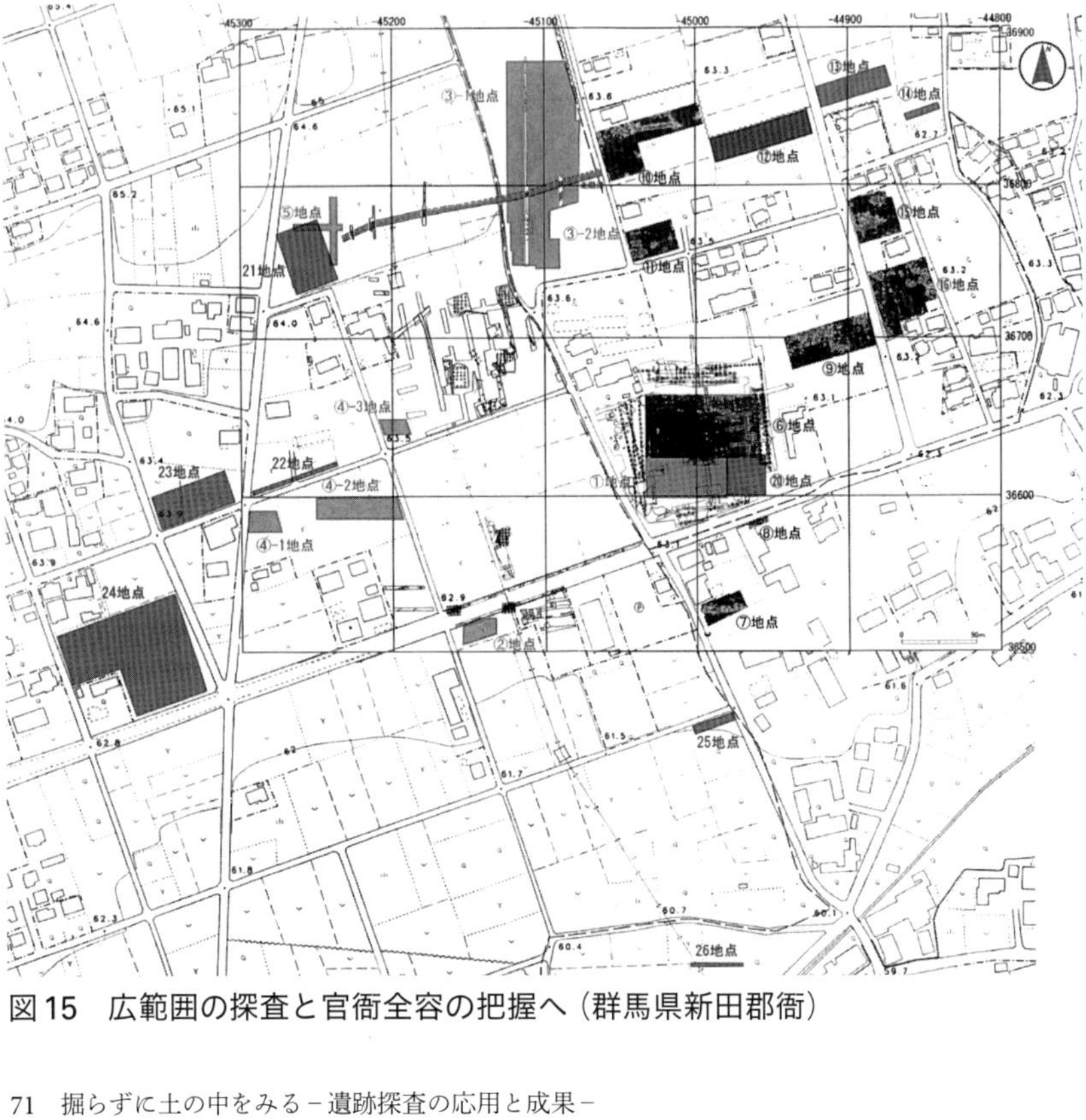

図15　広範囲の探査と官衙全容の把握へ（群馬県新田郡衙）

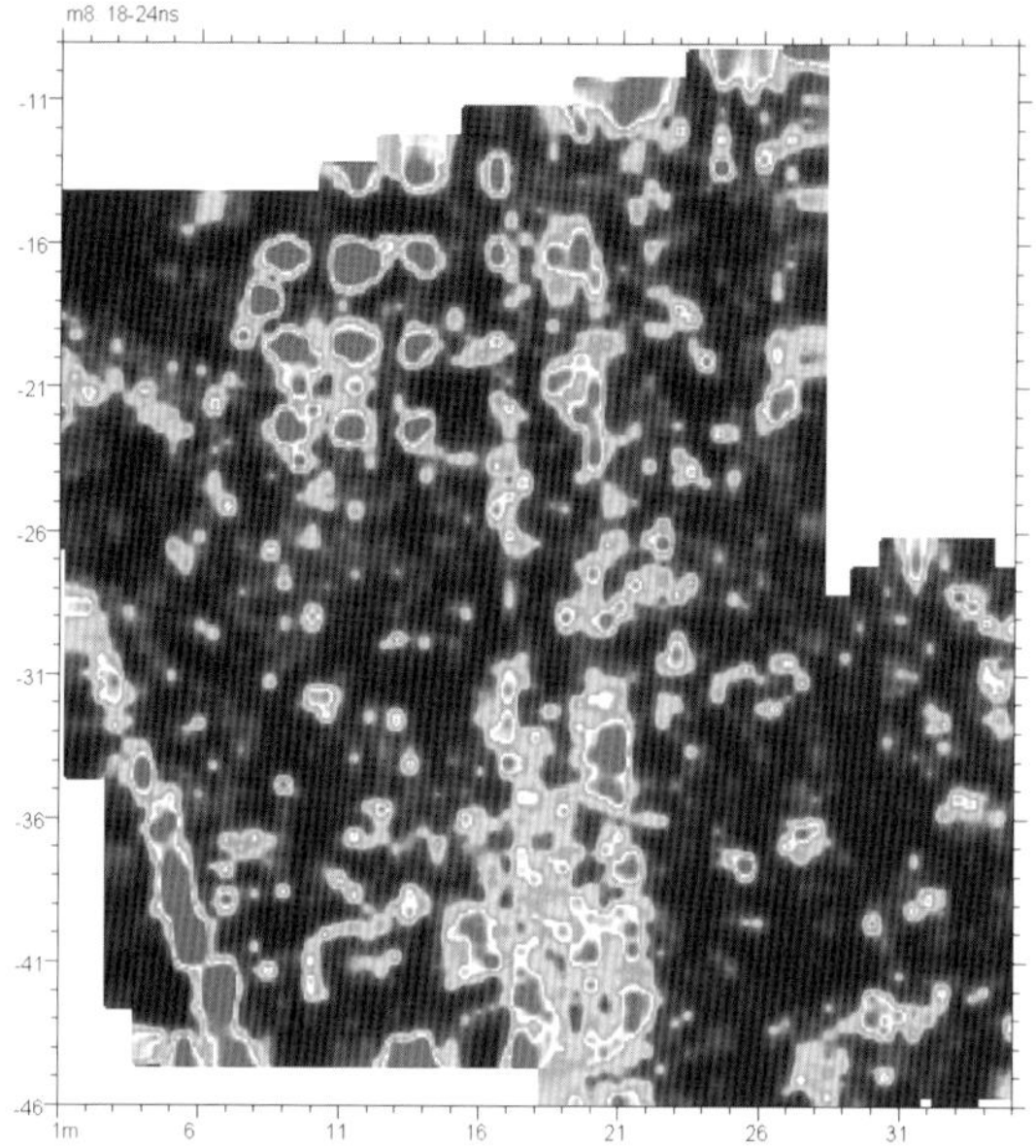

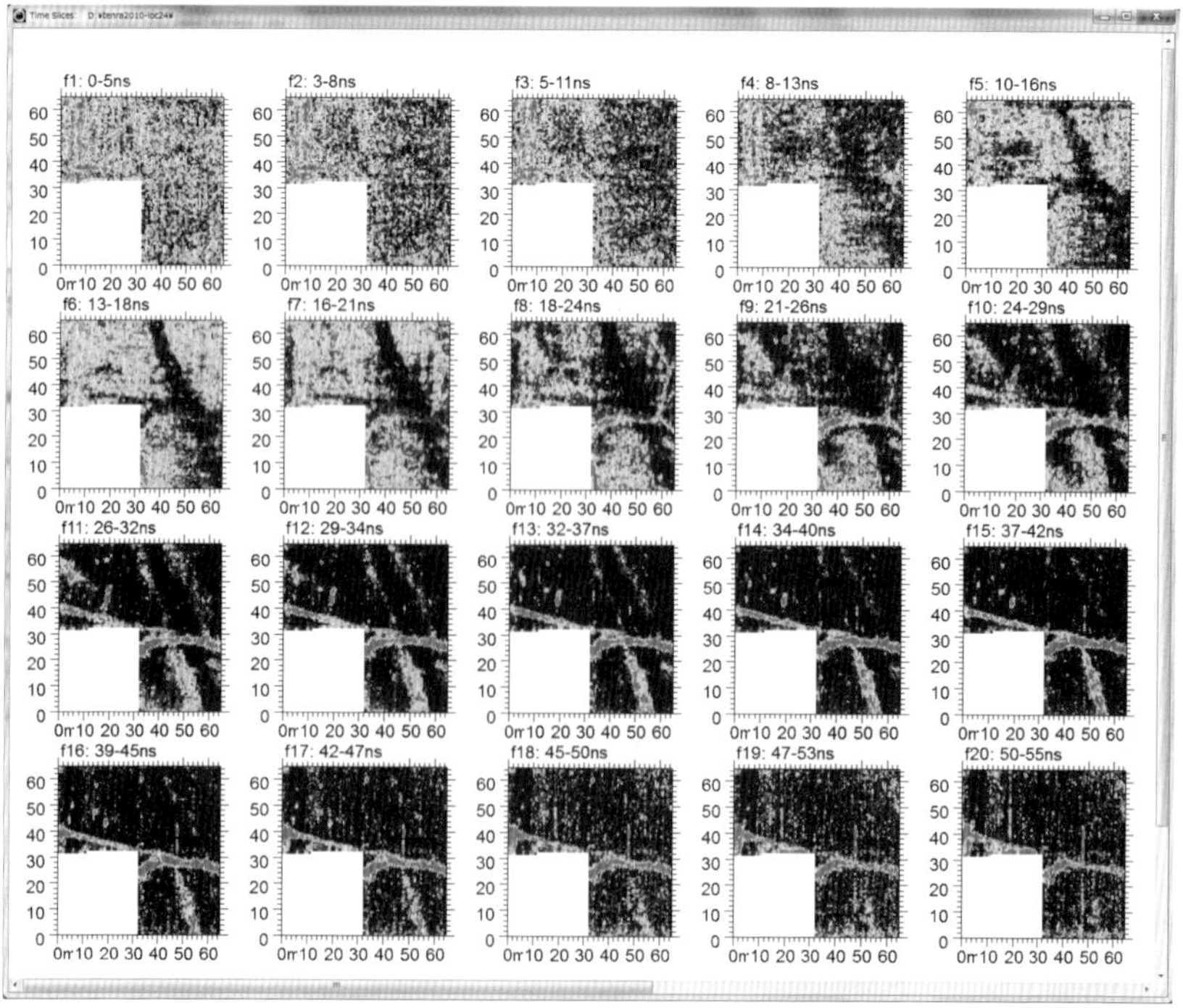

図16　倉庫・道路を確認（群馬県新田郡衙）

施しました。その結果（図16）、倉庫と考える掘立柱建物が明らかになりました。また、東山道武蔵路と呼ばれている南北道と、東山道の下新田ルートと呼ばれている東西の道との交差点を確認することができました。古代には物資を携えて都を目指し、後には新田義貞をはじめとする鎌倉幕府倒幕に立ち上がった武士団も、この道を使い集合し、鎌倉を目指したのではないでしょうか。

掘れないところを探る

発掘調査ができ、その後に確認できればよいのですが、掘れないときも物理探査が有効になることがあります。徳島県の徳島城は、豊臣秀吉の部下として有名な蜂須賀小六の子どもが阿波を拝領したとき、それまであった城を大きな城に改造しました。

以前は渭山《いのやま》城という名称で記録に残されており、蜂須賀氏入城後、大規模な工事の後、中央の山の上が本丸となったことが記録されています。この部分の石垣をよくみていくと、積み方の異なる石垣の存在を確認できます。古い石垣はある部分から新しい積み方の石垣の中に潜っていくようです。石垣は時間がたつとだんだんと痛みます。実際に石が落ちるなどの問題も起きており、崩落の危険性を把握することも必要です。その一段階として、古い石垣がどのようになっているのか、調査することになりました。実際に発掘しようと思えば、新しい石垣をすべてはずせばよいのですが、石垣をはずすのは大工事になるので、探査でかわりにできないかということです。

レーダー探査すると、石垣の続きらしい強い反射がでました（図17）。中に古い石垣が残っているようです。今は山全体が本丸としてつくられていますが、かつてはこの山の部分が城で、それも石垣によって仕切られ、郭が複雑に組み合わさっていたことがわかりました。さらに、石垣の中を知るため電気探査を行いました（**図17**）。結果、この部分が高い抵抗を示し、古い石垣と新しい石垣のあいだにある程度空隙があり、かつ何かが、おそらく石ですが詰められていることが推測されました。このように、外側の石垣が安全か、その石垣の裏側がどうなっているかを、こういった探査でも限界はありますが理解することができ、適切な保存法を考える一助となります。

八面甲倉に挑む

もう一つ掘れない例を紹介します。先ほど紹介した群馬県新田郡の隣の佐位郡にある三軒屋遺跡を紹介します。三軒屋遺跡の一部は今小学校の校庭になっていますが、プールをつくるために発掘したところ、八角形の建物が検出され

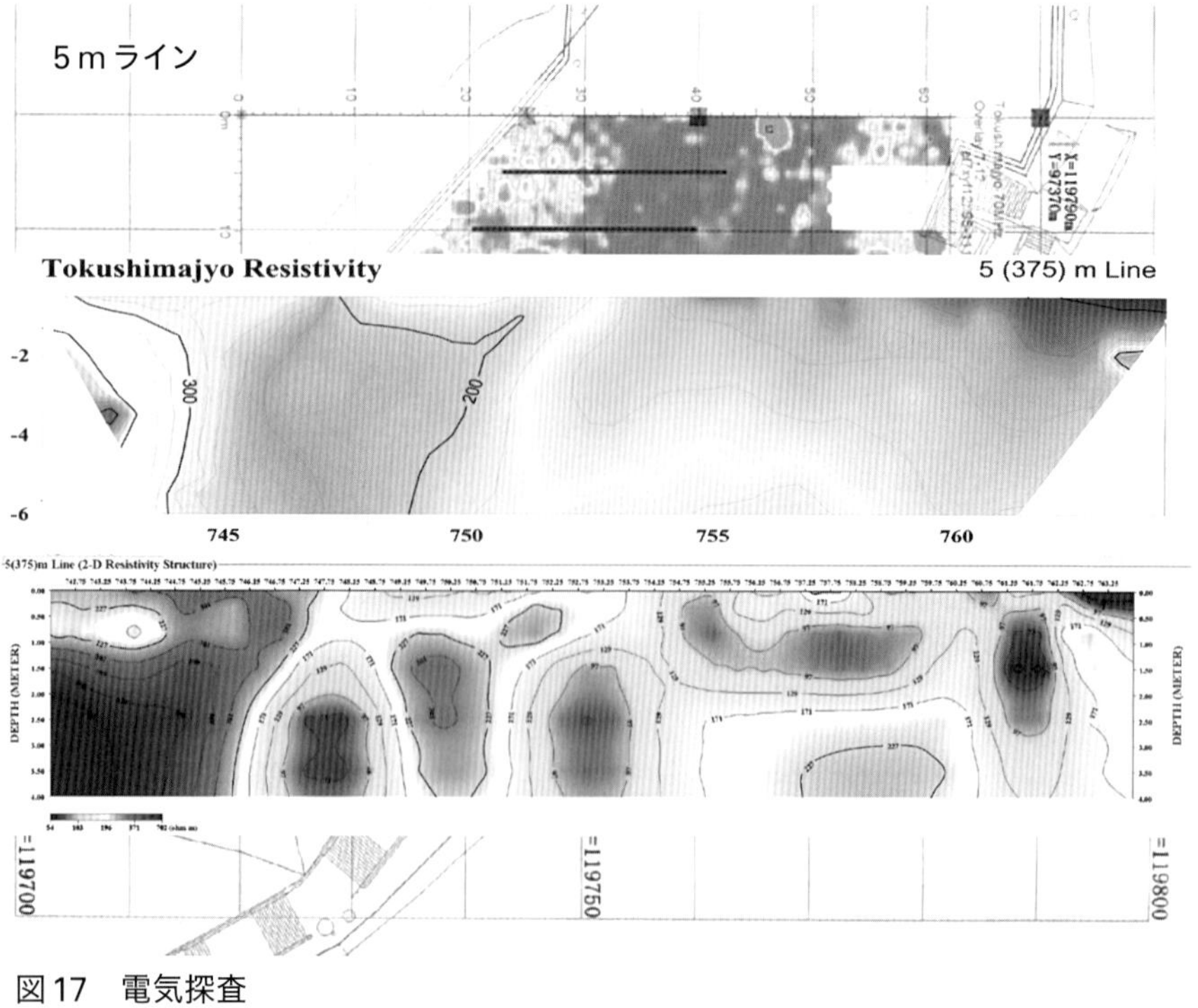

図17　電気探査

たのです（図18）。

これが、『上野国交替実録帳』佐位郡条記載の八面甲倉ではないかと注目を集めました。

この建物の下には、部分的に壊された箇所からの観察で、八角形の建物の下にもう一つ古い時期の建物の可能性が指摘されましたが、その建物を明らかにするためには上層の八角形の建物をつぶすことになります。レーダー探査の出番です。**図19**に八角形の片側だけがきれいにみえていますが、向かって右側、東側は壊されています。これが八角形の倉の部分です。さらに深いところをみると、どうでしょうか、私は六角形にみえますが、八角形だという方もいれば、丸だろうという人もいます。実際には**図19**のような反応がでています。これは上部の八角形建物の影響ではないかと初めは思っていたのですが、よくみると、八角形の上の建物とは位置がずれていること、規模が一回り小さくなっていることから、これは下層のものだと考えるようになりました。このようなかたちで調査できない下の部分を検討することもできます。

(佐位郡)　・□屋壹字　竈屋壹字
□
正倉
中南第二板倉壹字　中三行第二甲倉壹字　中南第一板倉壹□
中南行甲倉壹字　中南二行甲倉壹字　中南行第一八面甲倉壹□
中南三行第二丸木倉壹字　中南三行東五倉壹字　第北《こ》一行丸木門
南第一土倉壹字　南第二土倉壹字　第二土倉壹字
南第四板倉壹字　南第五法板倉壹字　中南四行第一法土倉壹□
中南四行第六土倉壹字　北第一板倉壹字　北第三土倉壹字
郡廰雑屋肆字
廰屋壹字　向屋壹字　副屋壹字　西屋壹字
厨家

「上野国交替実録帳」諸郡官舎項、佐位郡の部分

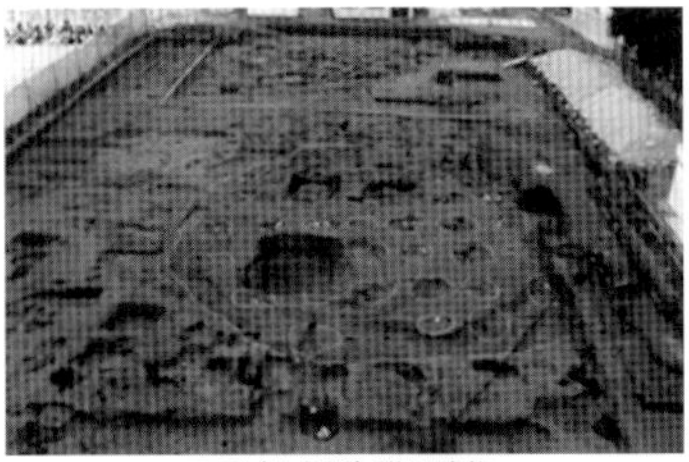

3号（八角郡）礎石建物

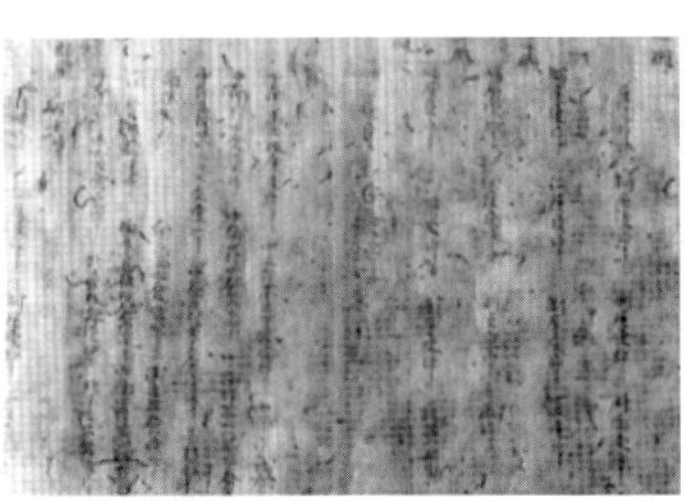

「上野国交替実録帳」国宝　東京国立博物館蔵
Image: TNM Image Archives Source
http://webarchives.tnm.jp/archives/

図18　八面甲倉に挑む（群馬県佐位郡衙）

成果の総合

次は、鹿児島県の美山の苗代川の窯です。司馬遼太郎の『故郷忘じがたく候』という小説にでてくる沈壽官さんは十四代の方で、現当主の方は十五代目だと思いますが、今も薩摩焼の火を守られています。その裏山にある古い窯跡を鹿児島大学のみなさんと調査しました（**図20**）。**図21**は磁気探査の結果です。高温で火をたくと、土のその部分が磁石のように磁力を持ちます。磁力計で計測すると、N極とS極に分かれて火を焚いた窯の部分がでてきます。ひょろんとしたうなぎの寝床のような細長いものと、N極とS極が梯子のように交互にでてくる二つの反応がでています。こちらは、昔から使われているような穴窯です。うなぎの寝床のような細長い一つの部屋で構成される窯でしたが、もう一つは部屋で区

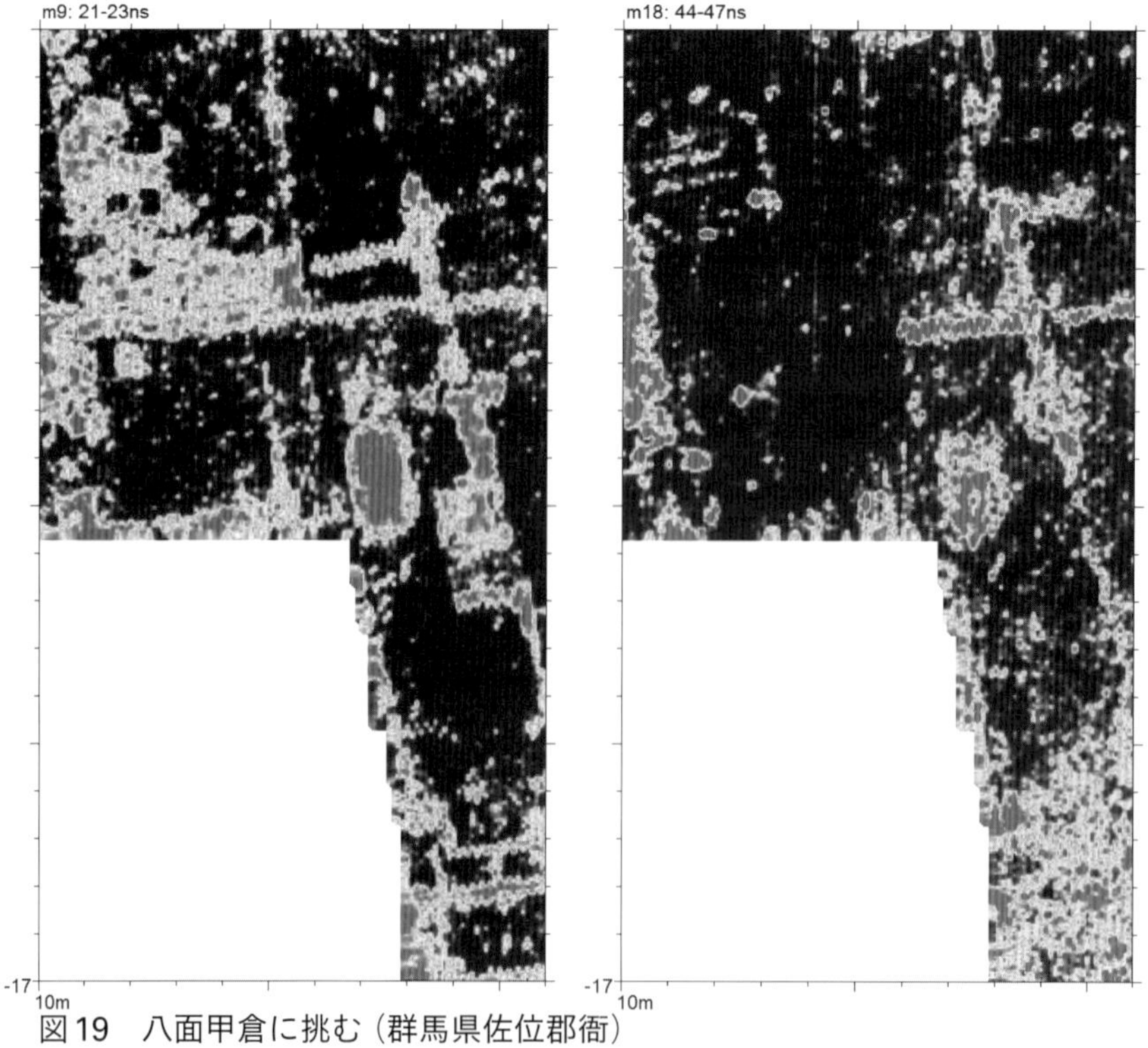

図19　八面甲倉に挑む（群馬県佐位郡衙）

図20　窯構造の解明
(美山苗代川窯)

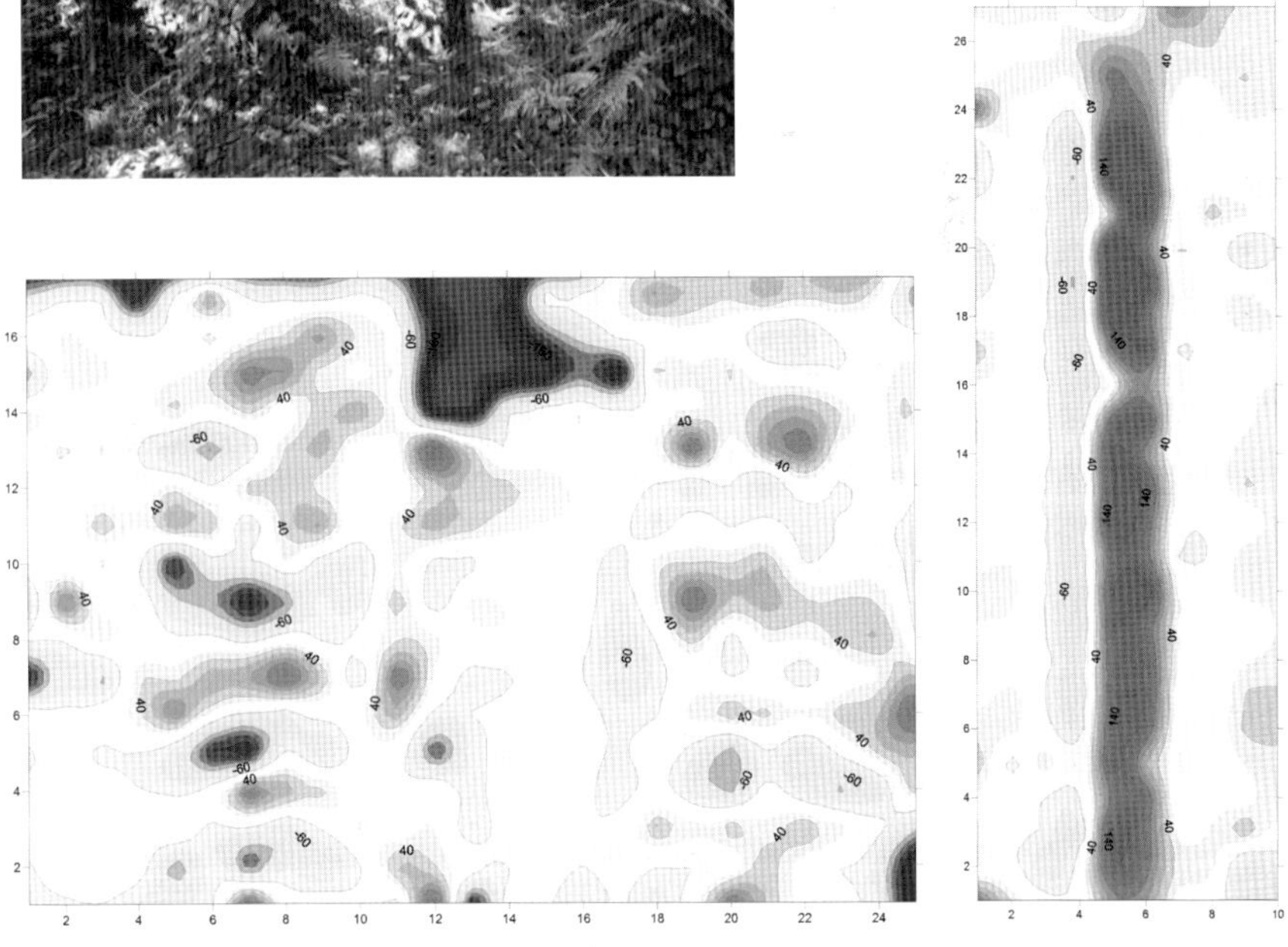

図21　窯構造の解明 (美山苗代川窯)

切っていく連房式の窯であることを発掘調査で確認しております。

ちなみに、私は先週までカザフスタンにいってきましたが、中央アジアやカンボジアといったさまざまな国の若い人たちと協力して、遺跡の探査を教え、発掘調査と並んでそれぞれの国の大事な遺跡をどうやって守っていくかを教えながら一緒に調査しています。

図22は、カザフスタンのお墓の例です。お墓はかなり高いものがぽこっとありますが、その上に目のような形の反射などもでてきています。**図23**は電気探査の結果です。ここの真ん中が、人が埋められていた部分だろうと思っています。

今後に向けて

情報処理技術の発達に伴って、多様な解析が可能となり、詳細かつ迅速な利用が可能になりつつあります。今回の成果も、物理探査の専門家をはじめと

図22　カザフスタンでの人材育成

するさまざまな先学の開発と検討の苦労のうえに成り立っています。その結果、私のような考古学研究者が利用できる状態になってきました。これからは、いかにこの技術を活用していくか、という点に研究の中心が移っていくでしょう。ますます活躍の場はふえそうです。

反面、探査をすれば発掘は不要、という意見には同意しかねます。探査、特に物理探査では地中の異常部の存在を示すことは可能ですが、年代や性格といった遺構の情報、そしてそこから出土する遺物の詳細といった考古学に必須の情報を明らかにはできません。掘ってみたら最近のものであった、ということもおうおうにしてあります。

逆に、掘るまでわからない、という考えも妥当ではないでしょう。発掘は破壊でもあり、妥当な調査ができたのか、反省の連続です。自分の調査は完璧だ、というのは調査者の自惚れでしかありません。今後も調査技術は急速に変化していくでしょう。遺

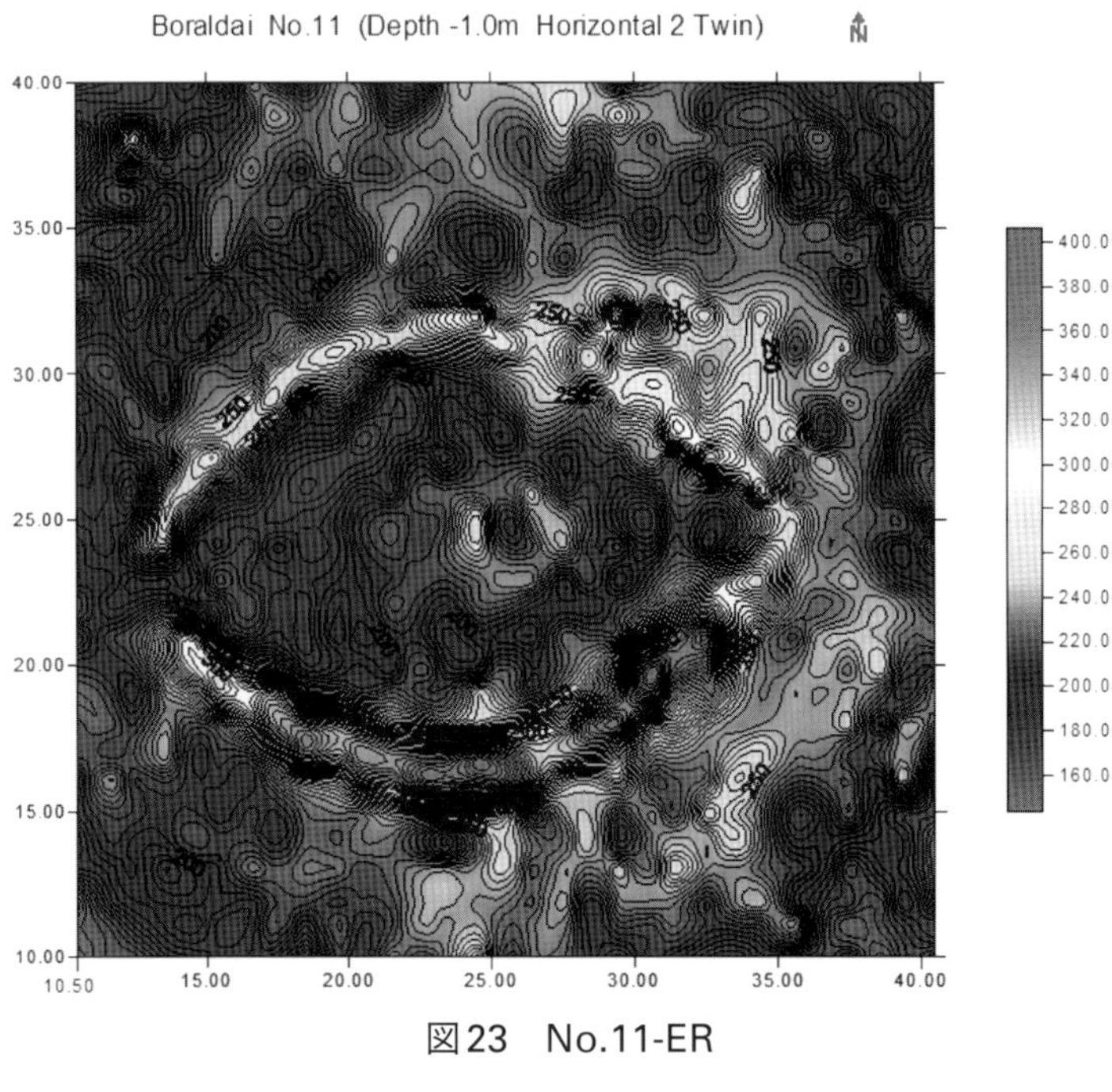

図23　No.11-ER

跡は今生きる私たちだけのものではなく、歴史研究はある世代が行えば短期間で終わることのできる浅いものではありません。次の世代によりよく遺跡を、情報を、伝えていくためにも発掘と探査は互いの欠点や限界を補い合う技術として活用していく必要があるでしょう。

現在、注目している技術に、多チャンネル型の計測機器があります。複数のアンテナやセンサを連動させてより詳細に、迅速に計測を行う技術です。本年度実施したＧＰＲ探査の計測試験では、従来、半日以上かかっていた範囲を約一時間で計測し、礎石の形状も明らかにすることができました。今後、広範囲をきわめて短時間に、より詳細に把握する技術が出現し、遺跡への活用ができるものと期待しています。

また、東日本大震災の復興に際する文化財調査が話題になっています。地域の文化を伝えながら、一日も早い復興を進めなくてはなりません。そのためにも、今回ご紹介した探査をはじめ、計測や写真、保存処理などさまざまな技術が活用できると考えています。

なぜ、奈文研が飛鳥藤原地域や平城京を調査する必要があるのか、という問いの答えとして、私は遺跡を守り、活かす実験の場を皆様からお預かりしているのだ、と考えています。これらの技術は机上や頭のなかだけでなく、実践し、経験を蓄積していく必要があるのです。私たちの研究はフィールドを離れては成り立たないのです。華々しい発掘成果が発表される裏で、遺跡を守り、情報を残すための研究や実践も日々進められていることを知っていただければとてもうれしく思います。ご清聴ありがとうございました。

文化遺産を守り伝える科学技術
―伝統の技と科学の力―

高妻 洋成
埋蔵文化財センター 保存修復科学研究室長

こうづま・ようせい
一九六二年 宮崎県生まれ
一九九一年 京都大学大学院農学研究科博士後期課程単位取得退学
一九九一年 京都芸術短期大学専任講師
一九九三年 京都造形芸術大学専任講師
一九九五年 奈良国立文化財研究所研究員
一九九七年 同主任研究員
二〇〇八年 現職
現在の専門分野は文化財保存科学

さまざまな文化遺産をどのように保存していくか、これまでどのように保存されてきたのか、二〇世紀、二一世紀に、どんな技術が開発されてきたのかをお話しできたらと思っております。

文化遺産とは、歴史的な観点や芸術的な観点から、あるいは学術的な面において価値があるものをいいます。文化財と呼ばれることもあります。絵画、彫刻、工芸品、古文書など、古いお寺や神社などの建造物、発掘調査でできた遺構や遺物、お祭りや先祖伝来の暮らし方などの風俗習慣、民俗芸能、あるいは演劇、音楽、工芸などの「技」も文化遺産です。最近では文化的景観というものも新しい文化遺産の概念としてとらえられてきています。形のあるもの（有形文化遺産）、ないもの（無形文化遺産）、あるいは動かすことができるもの（動産）、できないもの（不動産）、その有様はいろいろですが、大切なものとして将来に引き継いでいかなければならないものです。これら文化遺産を守り伝える方法にはさまざまなものがありますが、ここでは形のあるもの、すなわち有形文化遺産を守り伝える科学技術について紹介をしていきます。

形あるものはいずれ……

まず、有形文化遺産は時間がたつとどうなるのかを、まず金属製品を例に考えてみます。鉄は人類が山などから採取した鉄鉱石を製錬して金属として取り出します。この状態では不純物が多く含まれていますので、精錬してより純度の高い鉄にします。これでやっと原料としての鉄ができます。この原料を使って、剣などの製品をつくっていきます（図1）。この金属製品がそのままの状態で続いていけば苦労することはないのですが、さびていきます。さびるということは、もともと自然界において存在していた状態、すなわち自然の中にあって最も安定な鉱物の状態へと返っていくことです。鉱石の状態のほうが金属元素にとって安定な存在です。人間は無理やり製錬という作業にエネルギーをかけて純粋な金属にして、非常に傷みやすい状態のものを道具として使っているのです。当然、次第に状態が変化していきます。変化したものがその前の状態に戻ることはありません。人間が若返りしないのと同じです。文化遺産も同じことです。

文化遺産を形づくっている材料によって程度の差はありますが、やはり時間の経過とともにだんだん変化していっているのです。私たちはこのような変化を、劣化と呼んでいます。「もの」が自然界にあって変化していくのは、その「もの」にとって安定な状態へとかわっていくことにほかなりませんから、じつはこの変化を劣化と呼んでいるのは、人間の都合ということになります。

文化遺産は私たちにとって大切なものであり、これからも守り伝えていかなければならないものですが、形あるものはいつかは滅びます。劣化の宿命から逃れることはできませ

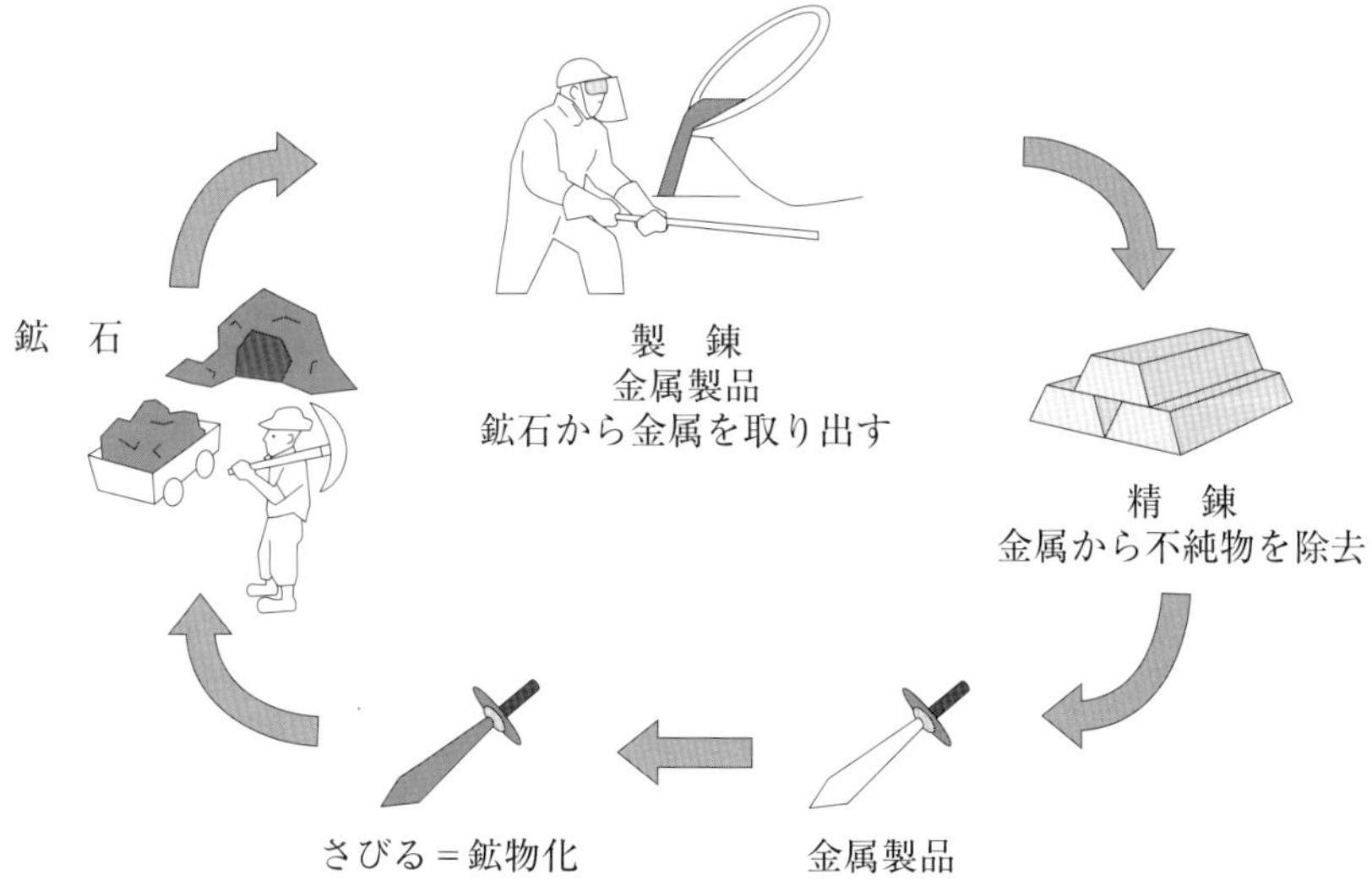

図1　形あるものは……

ん。そこをなんとか頑張って保存していくのが保存修理です。

図2の縦軸は劣化を、横軸は時間を表しています。何もしなかったら、当然いつかは劣化して朽ち果ててなくなります。しかし、ある程度の間隔で修理していくことでその寿命を延ばすことができます。少し傷んだところで修理を繰り返していくことで、寿命を延ばしていくのが保存修理です。しかし、保存修理といっても永久に長持ちさせられるわけではありません。不老長寿の薬はありません。ただし、日本では昔から五〇年から一〇〇年、あるいは二〇〇年といった長い間隔の中で修理を繰り返すことで、文化遺産の寿命を延ばしてきました。

もう一つ大事なことは、日本では古来より夏や秋の気候がよい季節に衣類、調度品、書画などを蔵からだして陰干しをする、虫干しが行われてきました。正倉院でも年に一度、秋に宝物の点検が行われています。年に一度、「目通し、風通し」を行って状態を点検し、必要に応じて修理をすることで、日本の文化遺産の多くが世々を経て伝えられてきました。このような定期的な点検と保存修理を行うことで、文化遺産の寿命をできるだけ長く延ばすことができます。五〇年、一〇〇年であれば大規模な修理となるかもしれませんが、ちょっとした手直しを定期的に繰り返すことで、劣化の進行を抑えることができます。

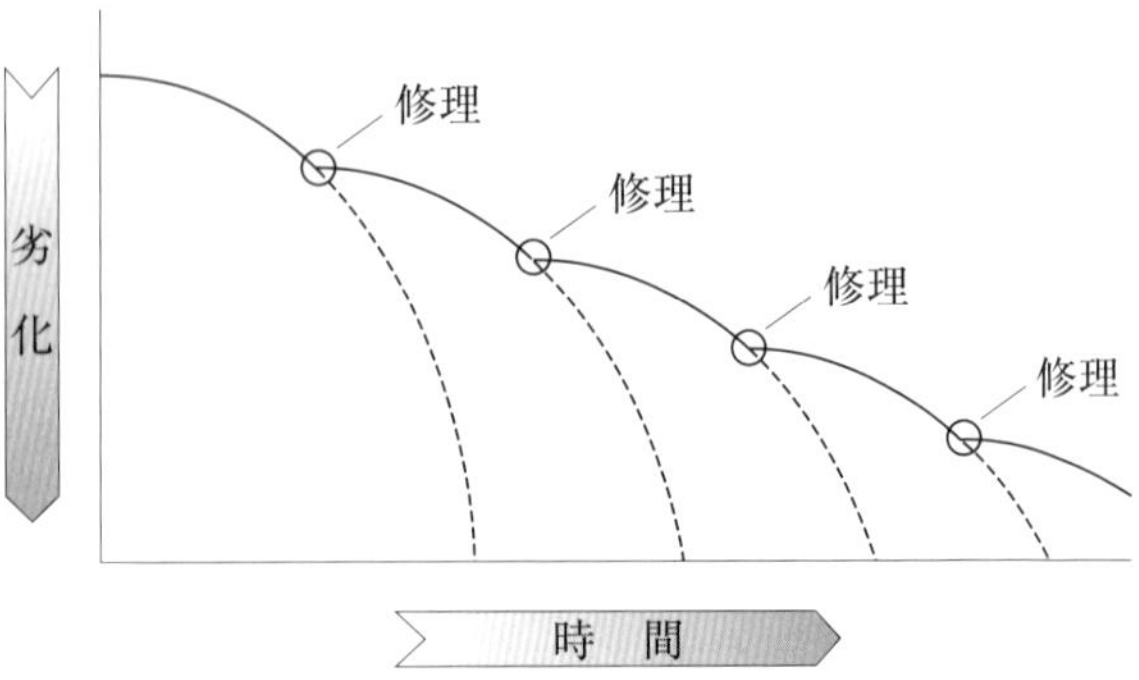

図2　劣化と修理
劣化の宿命から逃れることはできないけれども、50～100年、あるいは200年といった長い間隔の中で修理をしていくことで、その寿命を延ばすことができる

匠の技

飛鳥時代（七世紀）に建てられた法隆寺は世界最古の木造建造物といわれています。しかし、これは建てられたものが一三〇〇年を経てそのまま現代まで残っているというわけではありません。解体修理と屋根瓦の葺き替えや壁の修理といった維持的な修理が繰り返されることで残されてきたのです。この法隆寺以外にも日本の多くの寺社建造物が守り伝えられてきました。これらの修理に携わってきたのが、宮大工と呼ばれる方々です。

お寺には仏像があります。仏像もまた、仏師の手によって今日まで伝えられてきました。屏風や襖、掛け軸、障壁画などの紙や絹あるいは板壁や柱に描かれた絵画などは、装潢師が修理を行ってきたのです。

これらの宮大工、仏師、装潢師の方々が持つ伝統的な修理技術が、日本古来の文化遺産を守り続けてきたのだといえるでしょう。修理技術者が引き継いできた技術は、その修理という行為においてじつに合理的で無駄がありません。しかしながら、伝統とは、先達の技術をそのまま引き継ぐことではありません。修理技術者の目の前にあるのは長年にわたって守られ、伝えられてきた遺産（もの）です。そのものを、よい状態でこれからも伝えていくにはどのような修理をするべきか、この大きな課題に修理技術者は絶えず直面してきました。修理するものの状態を細やかに観察（分析）し、それに相応しい修理を考え、工夫してきたのです。多くの試行錯誤が絶えず繰り返され、淘汰されてきました。その時代、その時代で、新たな材料、新たな道具、新たな技術が加わると同時に、なくなっていった材料、道具、技術があって、今日の修理技術があるのです。二〇〇年前、三〇〇年前の技術と今の技術は違います。傷み方も、使われている材料もかわってきます。そうして「もの」を目の前にして、どうしたら一番よい状態にすることができるのかを考えます。その「もの」にとって一番よい方法、材料を考えて修理します。それは、長い年月の間の経験の蓄積で養われてきた修理技術です。突飛なことをするわけではありません。目の前のものを、いかによい状態で、どんな方法で修理するかを考えていく技術に伝統的な裏付けがあることが、匠といわれる方々の修理技術の根幹です。ある意味で、よい状態で伝えていこうとする心とそのためのたゆまぬ努力が、修理技術者が受け継いできた伝統なのかもしれません。

ところが、二〇世紀にはあらゆる分野で科学技術の応用が爆発的に進みました。特にこの二〇年、三〇年は、コンピューター技術がものすごい勢いで進歩しています。携帯電話をほとんどの方が手にしておられますし、ほとんどの家庭にコンピューターがある時代です。この科学技術が伝統的な修復の世界にも大きく貢献してきています。

遺構と遺物の保存

ところで、発掘現場からは遺構を含めていろいろな遺物が出土します。これらをどう保存していくか。土の中から発掘される遺構や遺物の保存に対する伝統的な技術は存在しません。科学技術を応用せざるをえません。もちろん、さまざまな考古遺物を保存処理するとき、考え方として伝統的な技術をおおいに参考にします。材料もいろいろ勉強させてもらいますが、いかんせん、考古遺物は非常に劣化した状態で見つかります。そのため、その傷み具合を調べるだけでも相当なことをやる必要があります。鉄製の刀や銅鐸などの金属製品はさびの塊となって出土します。固まっているさびや土などを除去して初めて形がわかることになります。

保存修理を医療に例えるならば、患者をいきなり手術することがないのと同じで、発掘現場からの出土品をいきなり保存処理することはありません。まず、現場での取り上げが容易ではありません。漆の膜しか残っていないような漆器や、鉄さびで覆われたものは、触ったらばらばらと壊れてしまうことがあります。それらを安全に回収して危機的な状況から救わなければなりません。これは救急に相当します。

そして、実際に保存処理をはじめるとき、そのものの材質と傷み具合を調べます。さびの塊になっているが内部にどれくらいの亀裂があるか、どんなさびかを調べます。さびにも進行性のさびと、逆にさびがあることによって内部の金属を守るよいさびとがあります。これは、いわゆる診断技術に相当します。

次に、診断で得られた情報をもとに、具体的な保存処理方法、すなわち治療方針を決め、その治療方針にのっとって保存処理をしていきます。これが考古遺物の保存処理の流れです。

ただし、保存処理をしてしまえばそれで永久にもつわけではありません。日本で本格的に考古遺物を保存処理するようになったのは、まだ五〇年もたっていないかもしれません。保存処理してしばらく年数がたっている遺物は、少しずつ傷んできています。それらに対して、常にどんな状態にあるかをチェックし、場合によっては再処理を考えます。その意味で、健康診断、すなわち経過観察は重要です。経過観察は、ただ黙ってみているのではなく、どんな状況で、どのような劣化が新たに進行しているのかを環境的なことも含めて観察していきます。ある意味で、「目通し、風通し」がここでも必要です。

診断調査

具体的に、診断調査、保存処理について紹介します。診断調査では材質、傷み具合を調べるため、文化遺産の科学分析を行います（図3）。平たくいうと、製作された年代はいつなのか、どんな材料でできているのか、どんな道具を使ったのか、製作した道具の痕跡が残っているかどうかも調べます。また、どんな手順で、誰が製作したのかがわかると面白いのですが、これは簡単ではありません。そして、保存処理に際しては、どんな状態になっているのかが大きなポイントになります。

これらの情報は、考古学的、美術史的、学術的に非常に重要です。逆にいうと、保存処理をする局面というのは、学術的な情報をそこから引っ張り出すことができる大きなチャンスといえます。その意味では、奈文研は保存処理をするのに恵まれた環境にあります。私たちの横には考古学の専門家、古文書を研究されている方、建造物の専門家などさまざまな分野の研究者がいます。このものはなにか、どのような使われ方をしていたのか、どんな構造かといった情報は、いろいろな研究者から得ることができます。

診察　材質・傷み具合を調べる

- つくられた年代はいつなのか？
- どんな材料でできているか？
- どんな道具を使ったのか？
- どんな手順でつくったのか？
- 誰がつくったのか？
- どんな状態になっているのか？

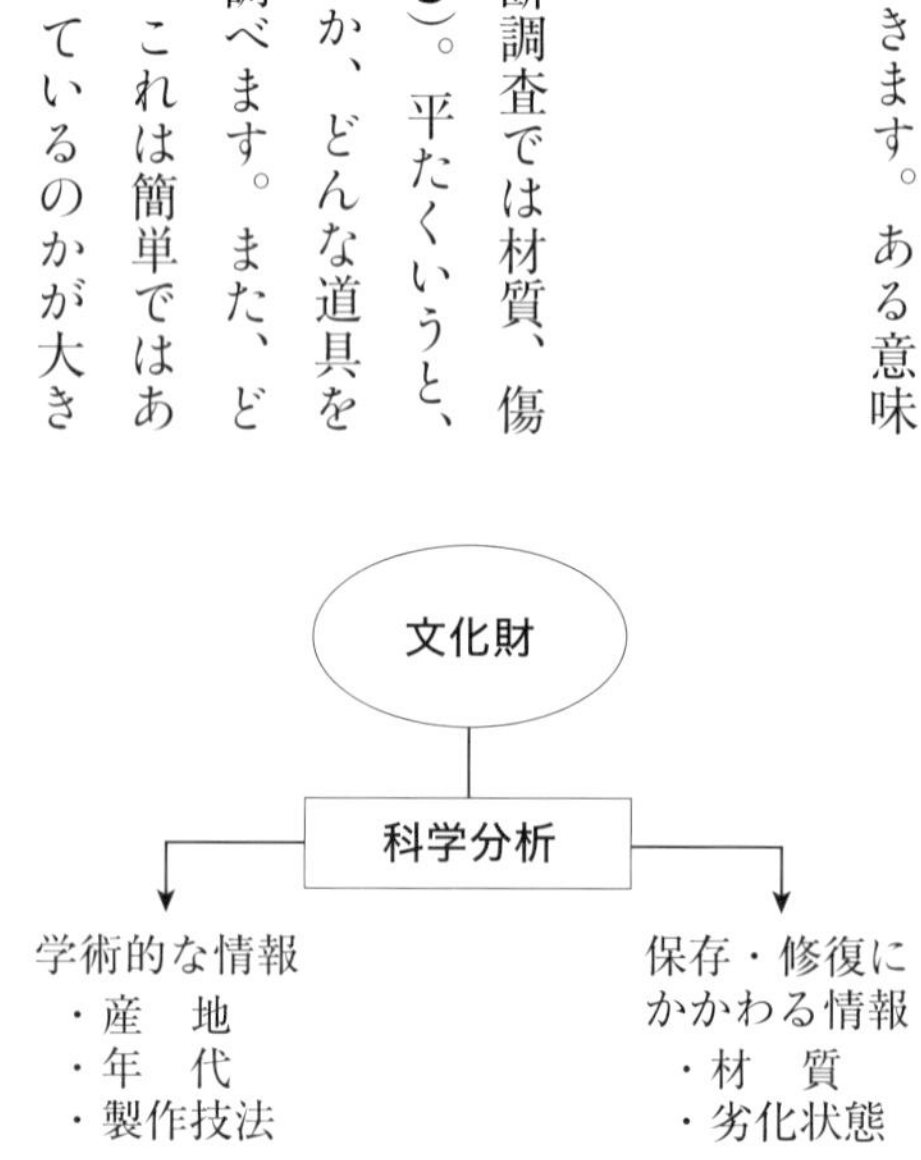

図3　診断調査

それと並行して、材質・傷み具合を調べます。保存処理は、機械的に「もの」として保存するという考えだけではありません。その遺物が内に秘めている情報を含めて保存することを理想としています。残念ながら、まだまだそこまでは達していませんが、とにかく第一に変形しないようにします。このことは絶対条件です。そして、その中に含まれている情報もなんとか残すようにします。ただし、樹脂などを使ったりするので材質的な変化を伴う場合もある点が、これからの大きな課題です。

図4は、藤ノ木古墳から出土した金銅製鞍金具の保存処理前の写真で、小さなものですが鳳凰の透かし彫りがあります。これを、いわゆるX線で透過撮影すると**図4右**のようになります。これをみて、なんだろうと思われるところがありませんか。こ

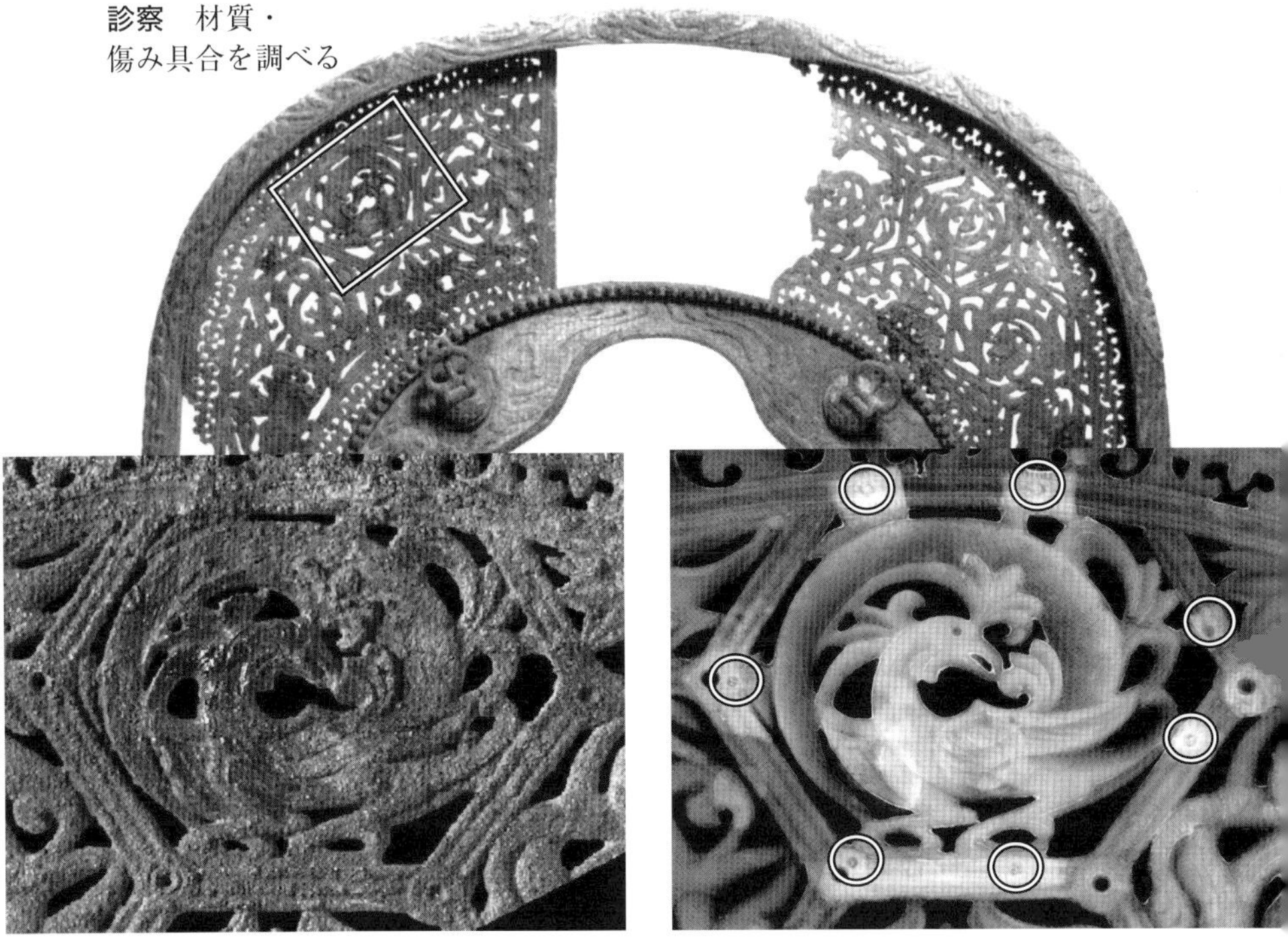

図4　診断調査
藤ノ木古墳出土　金銅製鞍金具（前輪）

の写真で丸の中にある小さな丸いものと、ちょっと白く四角いものに注目してください。

これは、この鞍金具を千数百年前に製作した人が、やり直した跡です。小さな鋲で留めた跡です。これは千数百年前、修復なのか失敗してもう一回やり直したのかはわかりませんが、その跡です。

これは、処理前にレントゲン写真を撮り、何かおかしいということで調べて明らかになったことです。こういったことが保存処理をしている最中にわかってきます。この透かし彫りは非常に精巧で素晴らしく、製作した人の思いが伝わってきます。昔の人のものに対する執念を感じます。

図5は、いわゆるX線CTを使って内部を探った例です。お医者さんの世界でもX線CTスキャナで断層画像を撮り、三次

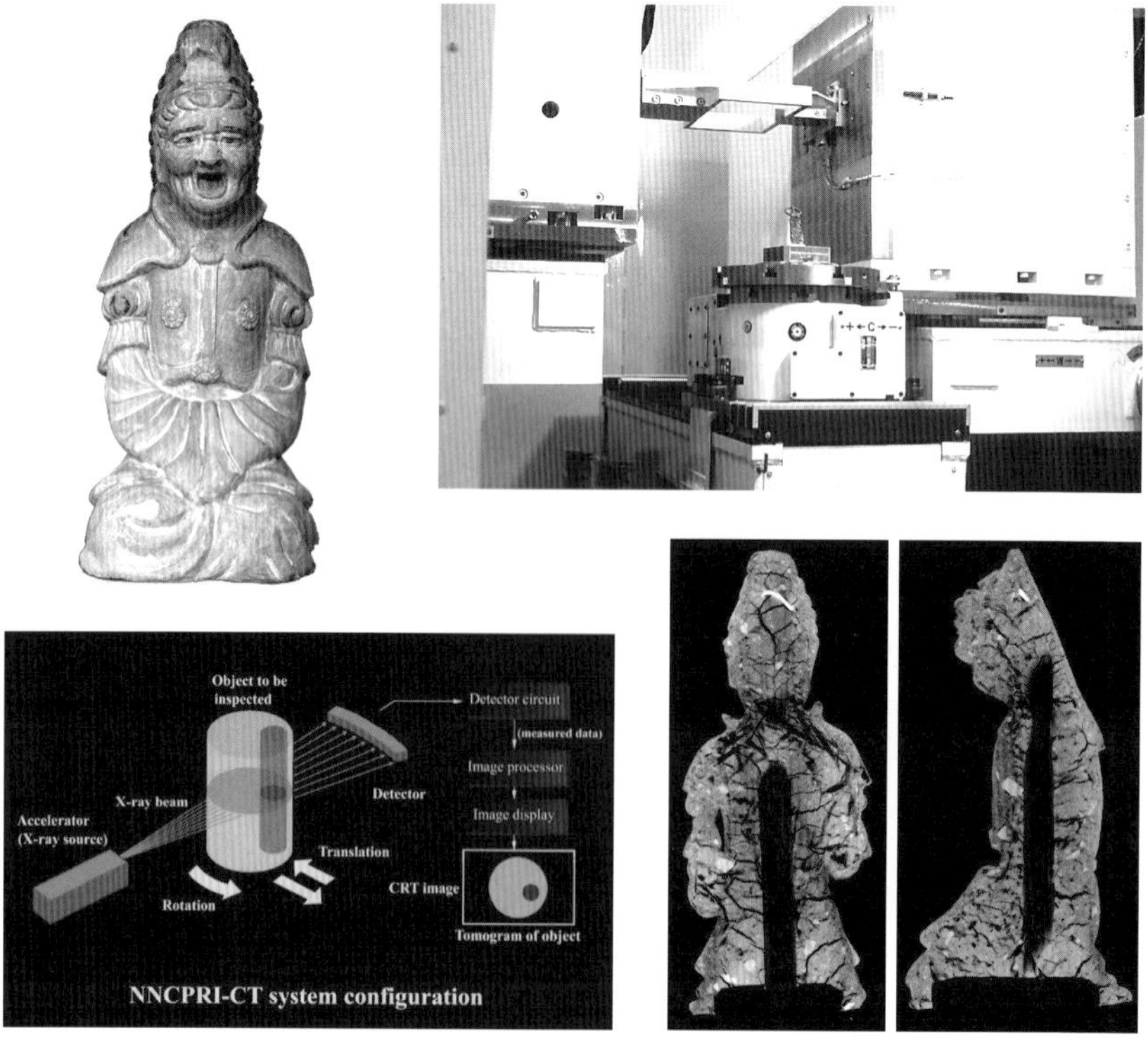

図5　X線CTで内部を探る

元画像として内部を診断しています。奈文研にも非常にエネルギーの高いX線で撮影を行うX線CTスキャナがあります。青銅製品や鉄製品にX線を透過させようとするとき、高エネルギーのX線のほうが有利です。奈文研の装置は一メガエレクトロンボルトほどの高エネルギーのX線をつくることができ、これを使うと、内部の構造を可視化できるだけでなく、材質の推定も可能になります。

実際に、藤ノ木古墳から発見された刀の柄頭に、鈴が二個はいっていて、鈴の中には鈴を鳴らすための丸《がん》がはいっていることがX線CT画像からわかりました（図6）。剣の柄頭にはいっている鈴は誰も

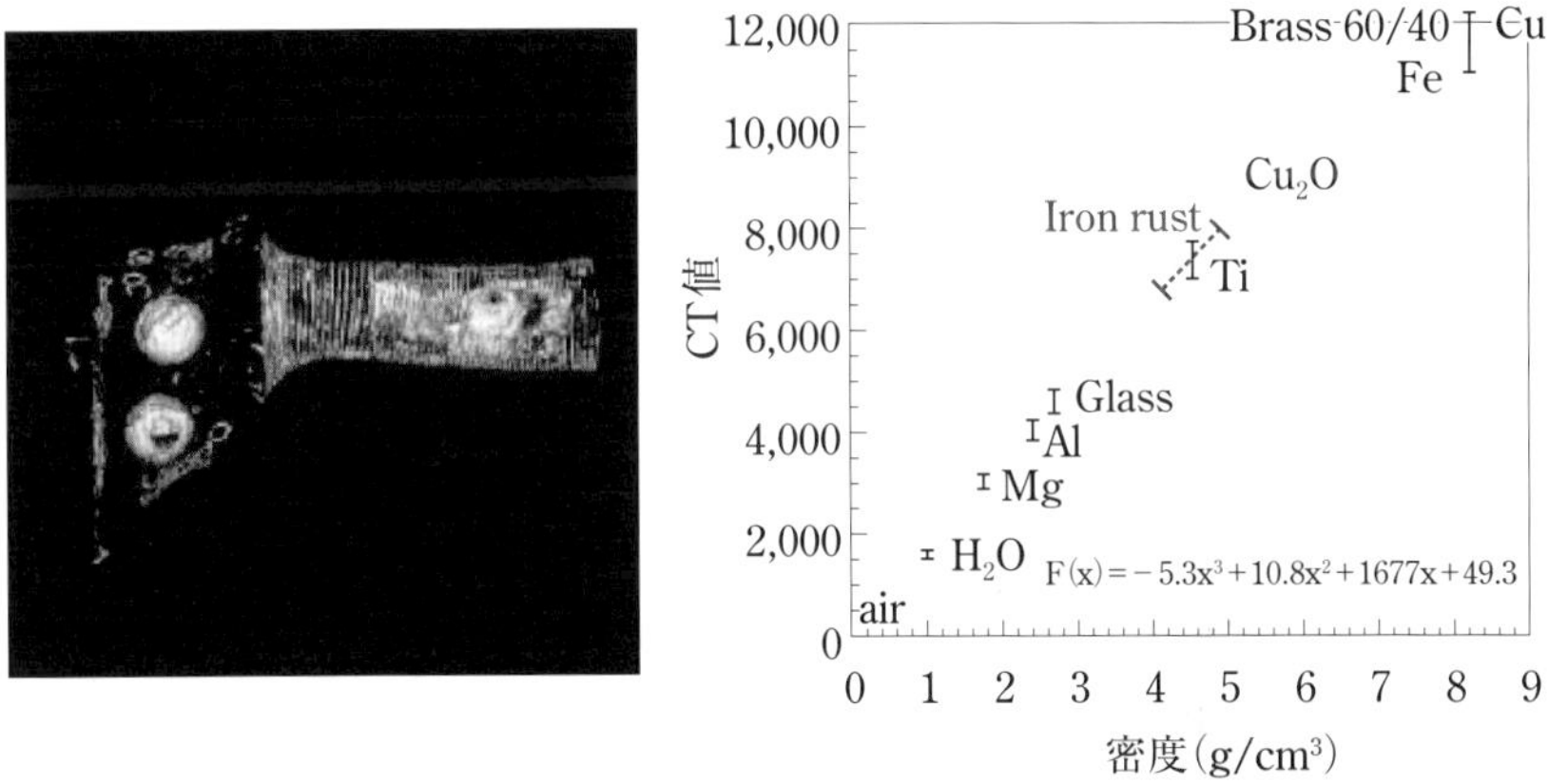

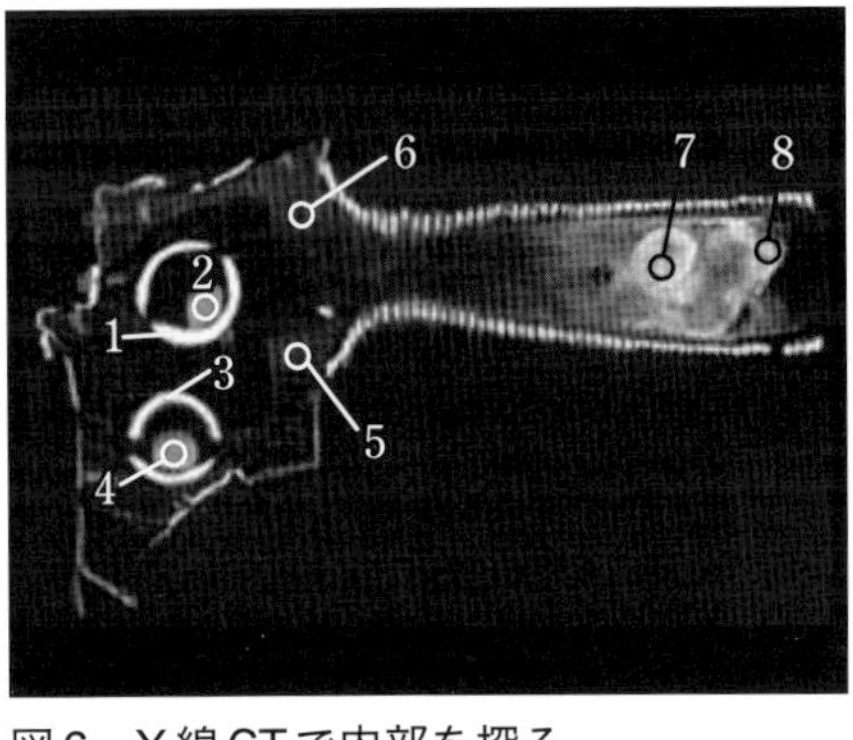

		Ave.	Std.	Area
◆	1	10957.09	366.8928	1.553300
◇	2	5115.160	171.5980	9.608900
◇	3	9094.765	404.2211	0.396900
◆	4	5084.759	265.4857	8.099700
◇	5	1381.371	124.9609	10.17000
◆	6	1322.053	230.9704	10.17000
◇	7	6582.663	347.3230	10.17000
◆	8	6589.849	290.9269	10.17000

図6　X線CTで内部を探る
1 MeVの高エネルギーX線を使ったX線CTでは、内部の構造を可視化できるだけでなく、材質の推定も可能となる

みることはできませんが、X線CTでCT値を調べると、銅であればCT値が酸化銅と一致するような値になるはずです。しかし、それより少し大きいCT値、すなわち高い密度を示すことがわかりました。このことから、スズや鉛を含むブロンズでできていると推定しています。ブロンズだと断言できればよいのですが、いかんせん確認することは今できませんので、あくまでも推定です。そして、鳴らす丸は、ガラスや石と同じで、形からしても小石を入れて鈴をつくっていると推定しています。

もう一つ、同じX線を使った例で最近の話題になったものとして、長岡京市の宇津久志一号墳から出土した重層ガラス玉があります（図7）。重層ガラス玉は、ガラス玉をつくるとき細いガラス管と、そのひと回り大きなガラス管を用意して、細いガラス管の周りに金箔を巻いて太いガラス管をはめ、溶融して玉にしてつくります。出土したガラスの組成が、神聖ローマ帝国の勢力が及んでいたところの組成と同じでした。そのため、ガラスの素材だけが伝わってきたという見方もできますが、重層ガラスの製造法も外国の技術ですから、長岡京で出土した五ミリに満たない小さな玉は、ローマで製造されたものと考えております。これも顕微鏡を使ったり、X線で透過撮影したりして得られる情報です。

保存処理……輝きを取り戻した藤ノ木古墳の金銅製品

藤ノ木古墳の金銅製品は、発見されたとき、緑青さびで覆われていました。これを保存処理して図8の状態にしました。顕微鏡で観察すると、緑青の下に金メッキの影がちらちらとみえます。

当時のクリーニングの一般的な方法としては、さびを取り除いて、金をだすために一生懸命削るという方法でした。そうすると、鍍金層の厚みは一〇ミクロンあればいいほうで、非常に薄いため、クリーニングする際にいろいろな刃物や、グラインダーや歯医者さんが使うような超音波も使って削っていくと、当然、鍍金層を傷つけたり、とばしてしまうことになります。

　では、さびを溶かしたらよいではないかといわれます。それはよい方法ですが、さびを溶かす液にこの状態のものを漬けたらどうなるか考えてみてください。私たちがみている緑青は、

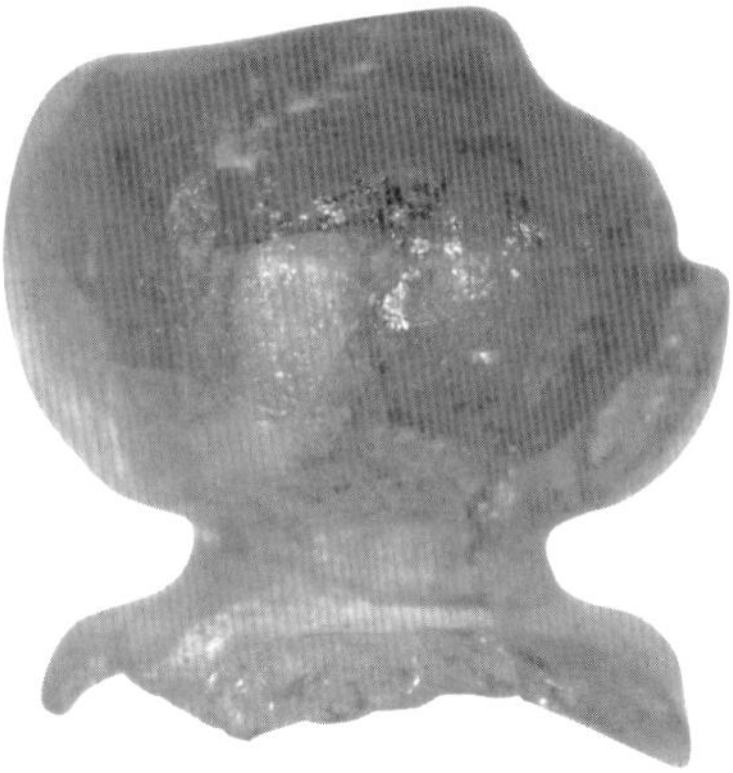

ガラス玉（側面）

ガラス玉（正面）

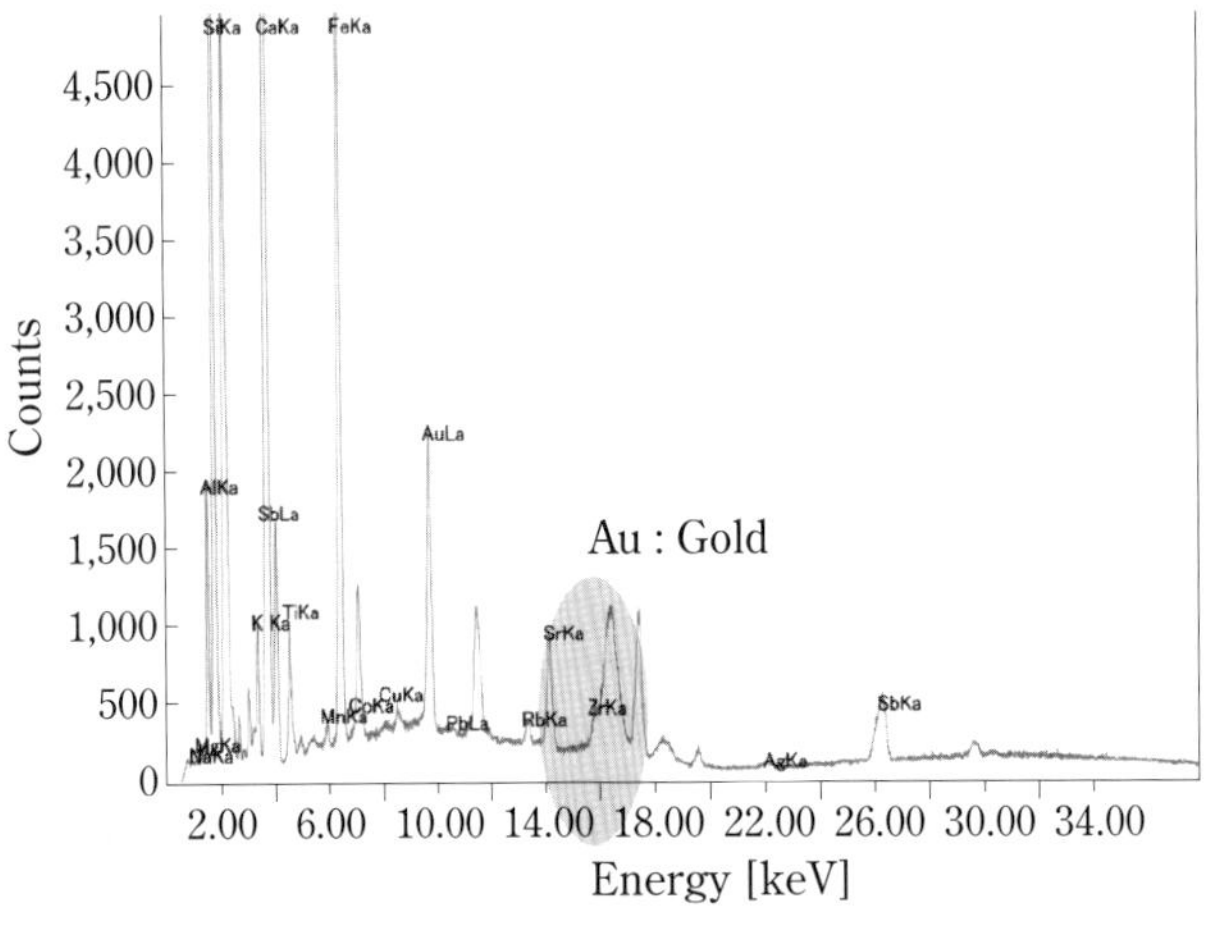

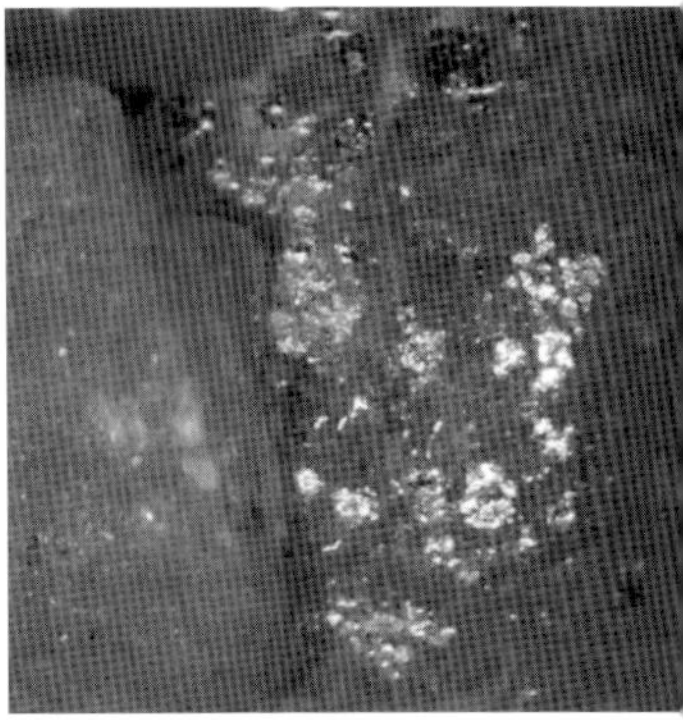

図7　ガラス小玉が語り出す
京都府長岡京市宇津久志１号墳出土　重層（金層）ガラス玉

鍍金の上の層にあります。この緑青は本体からでています。本体から溶け出して緑青のさびが吹き上がっています。したがって、これをさびを溶かす液に漬けると、鍍金の下のさびの層も溶けてしまって、鍍金層がめくれてしまいます。さびを溶かす液に漬けることはできません。そこで次のような方法が考えられました。最初からは薬品が使えませんので、粗いさびを刃物などで落とします。その

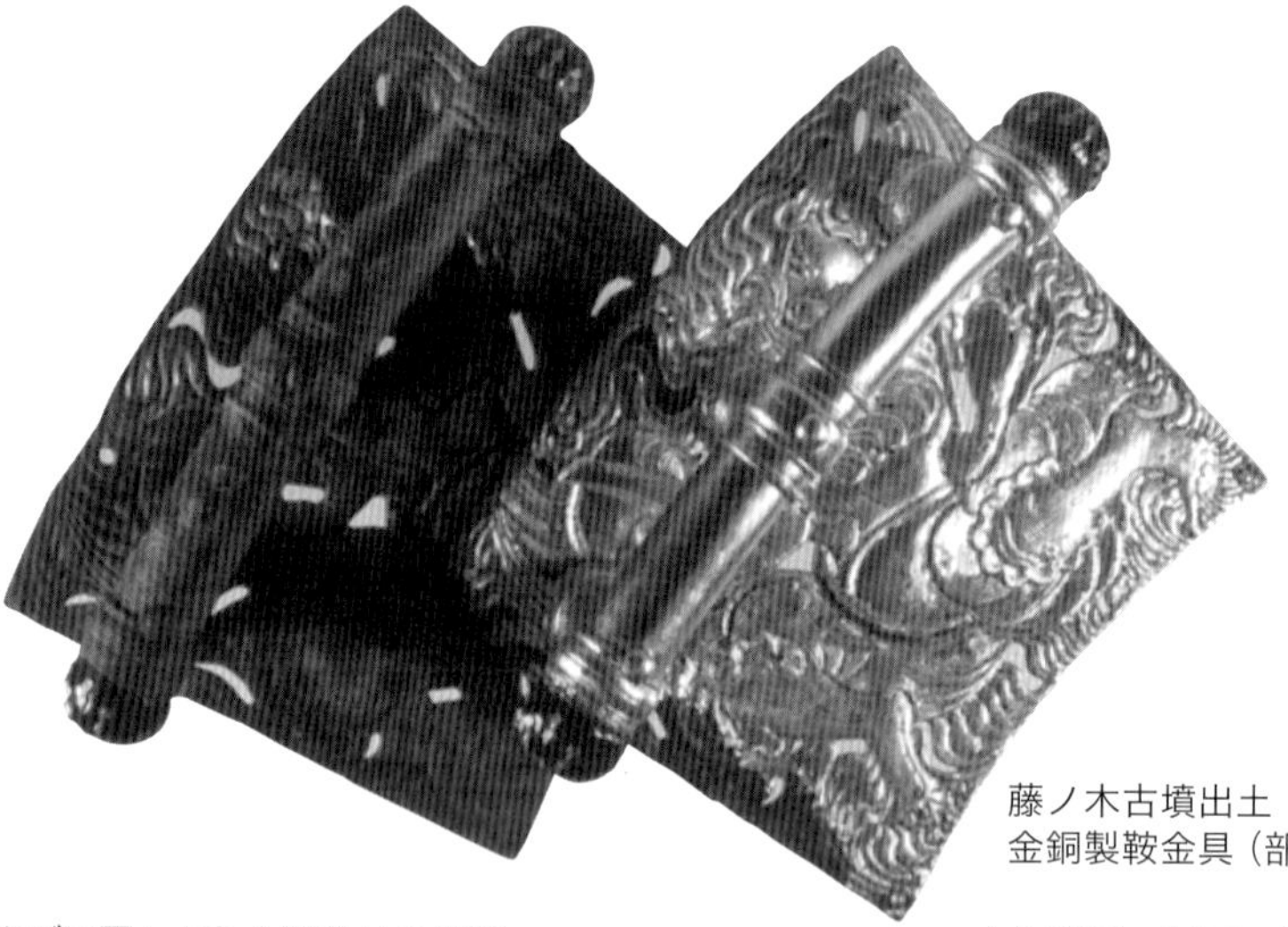

藤ノ木古墳出土
金銅製鞍金具（部分）

緑青さびで覆われた金銅製品の表面

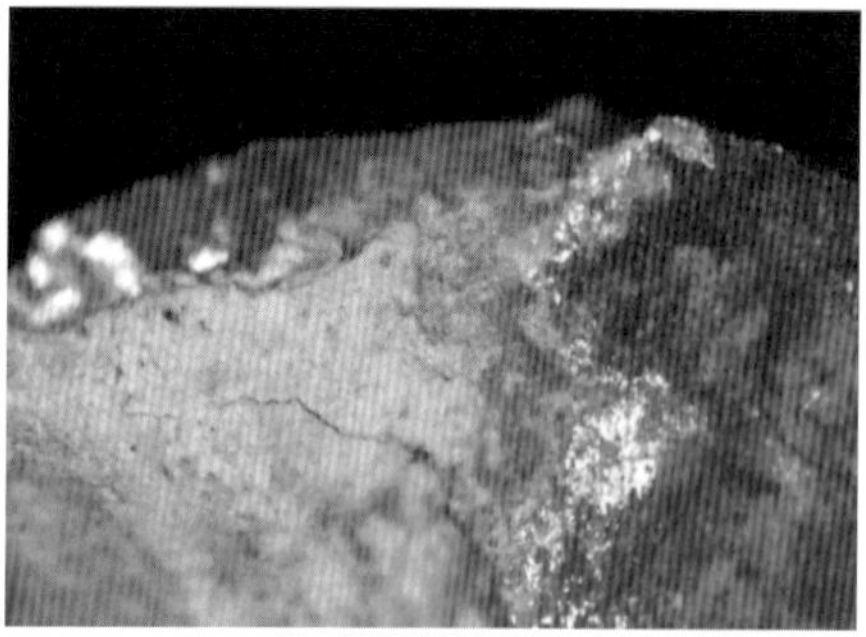

金銅製品の断面の様子

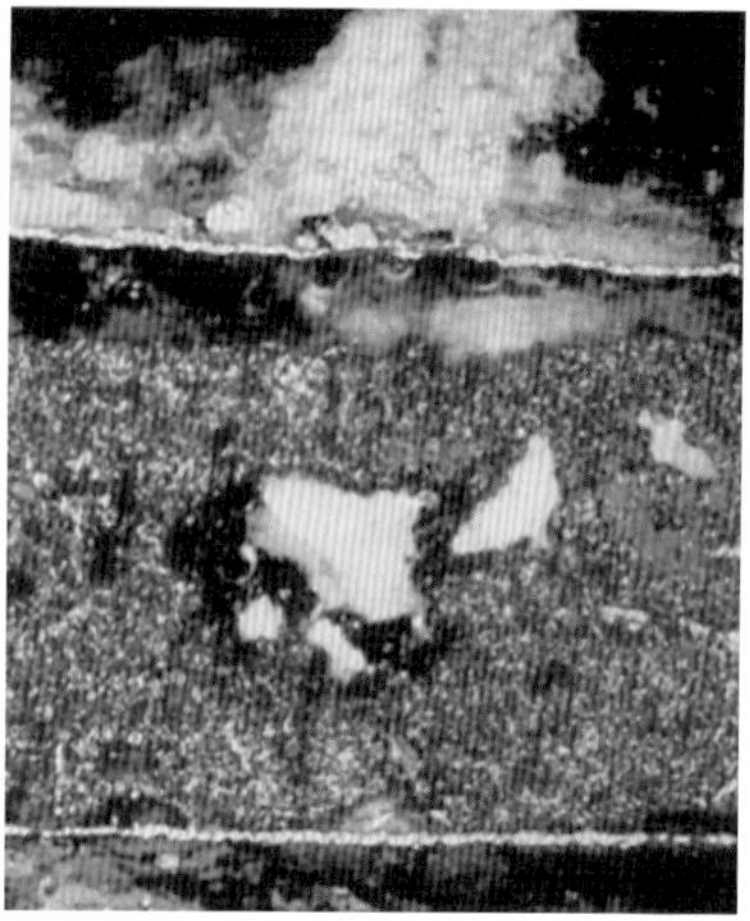

図8　輝きを取り戻した藤ノ木古墳の金銅製品（口絵カラー参照）

後、赤ちゃんの紙おむつに使われている高吸水性樹脂を使います。高吸水性樹脂は、自分の重さの何十倍もの水分を吸うことができますので、さびを溶かす液をたっぷりと含ませた状態でさびの上に置いてやります。そうすると、鍍金層の下に液体がはいりこむことはなく、高吸水性樹脂に含まれたさびを溶かす液が表面のさびとだけ反応するようになります。ある程度置いておいて水洗いをします。この作業を二〇回、三〇回と繰り返すと、さきほどのような金の輝きを取り戻すことができるわけです。

ただし、これにはいろいろなノウハウがあります。細かいことはいいませんが、ちょっとピンク色になることがありますので、誰でもできるというわけではありません。

出土木製品の保存処理

もう一つ、私どもの研究所で大々的にやっている木製遺物の保存処理について簡単に説明します。

日本の場合、平城宮跡のような水分をたくさん含んだ土壌が多くあります。世界的には、永久凍土の中からも木材が出土します。最近では、国の史跡に指定された鷹島神崎港遺跡など海底や湖底からも木製品が出土します。それぞれ共通している点は、水をたくさん含んでいるということです。ただし、ある意味で酸素の少ない状態であるため、菌類はなかなか活動しないため、木材は腐ってなくなるには至っていません。非常に乾燥した砂漠でも菌は活動しません。寒冷地でも同じで、菌類が活動しにくい環境では木材が保存されて残ります。

ただし、相当傷んでいます。遺跡から出土した自然木を輪切りにして一〇日間ほど放置しておくと、一部が割れて、だんだん収縮していきます。皆さんが今座っておられる椅子などに使われている木の部分をつかんでもつぶすことはできませんが、遺跡から出土した木材は、簡単に手でつぶすことができます。スイカや豆腐をイメージしてもらうとよいと思います。いわゆる、水で形を保っているような状態であるため、乾燥が進むと縮んでいきます。乾燥後、お湯をかけても、もとには戻りません。縮んだり、割れたり、ねじれたりすると大変なことになりますので、保存処理が必須です。

三〇年前、四〇年前からやられている方法は、木材中の水を、普通の温度で固体になるようなもので置き換えることです。ポリエチレングリコールを使ったり、最近ではラクチトールやトレハロースを使う方法が開発されました。もう一つ、真空凍結乾燥で保存処理する方法もあります。

この真空凍結乾燥法の原理を簡単に説明します（**図9**）。木材が濡れているということは、木材の繊維と繊維の間に水分子が存在しているということです。水分子と木材の繊維は仲がよいため、乾燥するとき水分子がでていくと、水分子どうしがまた手をつなごうとして近づいていきます。乾燥は、このことが繰り返されていくので、最終的には縮んでしまいます。

一方、凍結乾燥は**図9右**の状態で凍結するので、水がでていっても繊維は固定されているため、凍結乾燥していくと、最終的には濡れていたときの寸法を保つことになります。

木製遺物の保存処理で今一番、問題になっているのは、大型木製遺物です。金閣寺の創建当初の庭を作庭するとき、大きな石を各地から運んでいますが、その石の運搬に使っていた修羅が二つ出土しました（図10）。一つはケヤキ製、もう一つはクリ製です。ケヤキのほうはすごく腐っていて軟らかくなっていました。逆にいうと薬剤がはいりやすい状態です。クリは非常にしっかり残っているので、薬品が浸み込みにくい状態で、水分をすべて薬剤で置き換えると、クリの木が縮んだり、割れたり、ねじれたりします。そうなる前の三〇％ほどの濃度の薬品で置き換えた状態で、奈文研にある大型の装置で真空凍結乾燥をしました。この装置にはいるものであればなんとか処理できますが、それを越す大型の木製遺物も多く出土しています。

出雲大社の拝殿の真ん前にある施設を建造するために発掘調査をしたところ、神殿の柱が出土しました（図11）。一本が一メートルを超すような柱が三本束になっています。

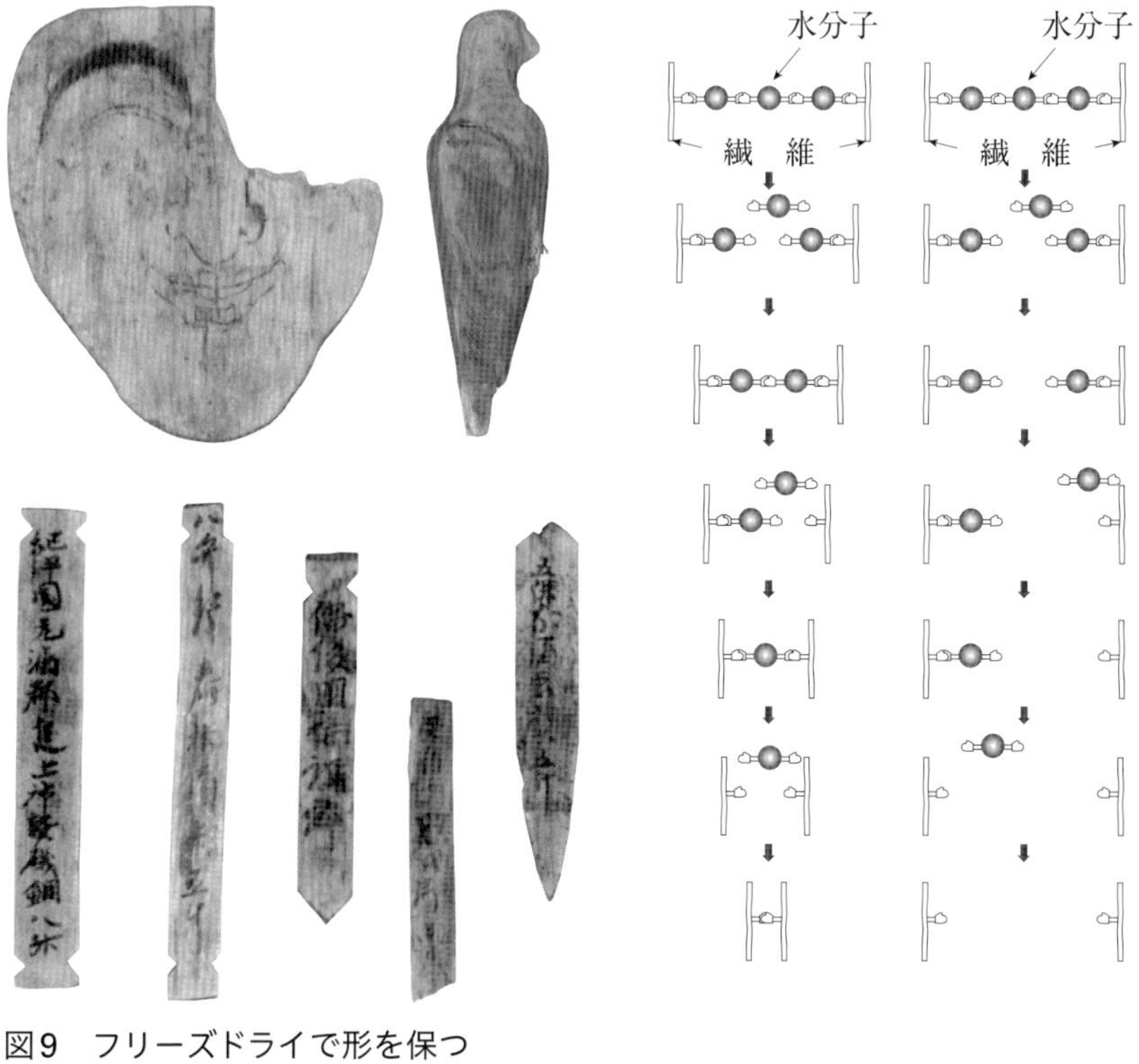

図9　フリーズドライで形を保つ

この宇豆柱の保存処理について簡単に紹介します。出雲の国造家の千家さんのところに文献が残っていますが、高さ一六丈、引橋長一町とあります。つまり、この階段が百数メートルになるようです。巨大な神殿を支えていた柱です。出土したときの高さは一メートル強ですが、こういった大きな木製品の保存処理には五年かかっています。

文化財の保存修理

文化財の保存修理では、まず、どういった状態にあるか現状を調査します。これが基本です。材料、構造、劣化状態、劣化原因を調べます。劣化が材料に由来しているのか、環境に由来しているのかを考えながら調査します。

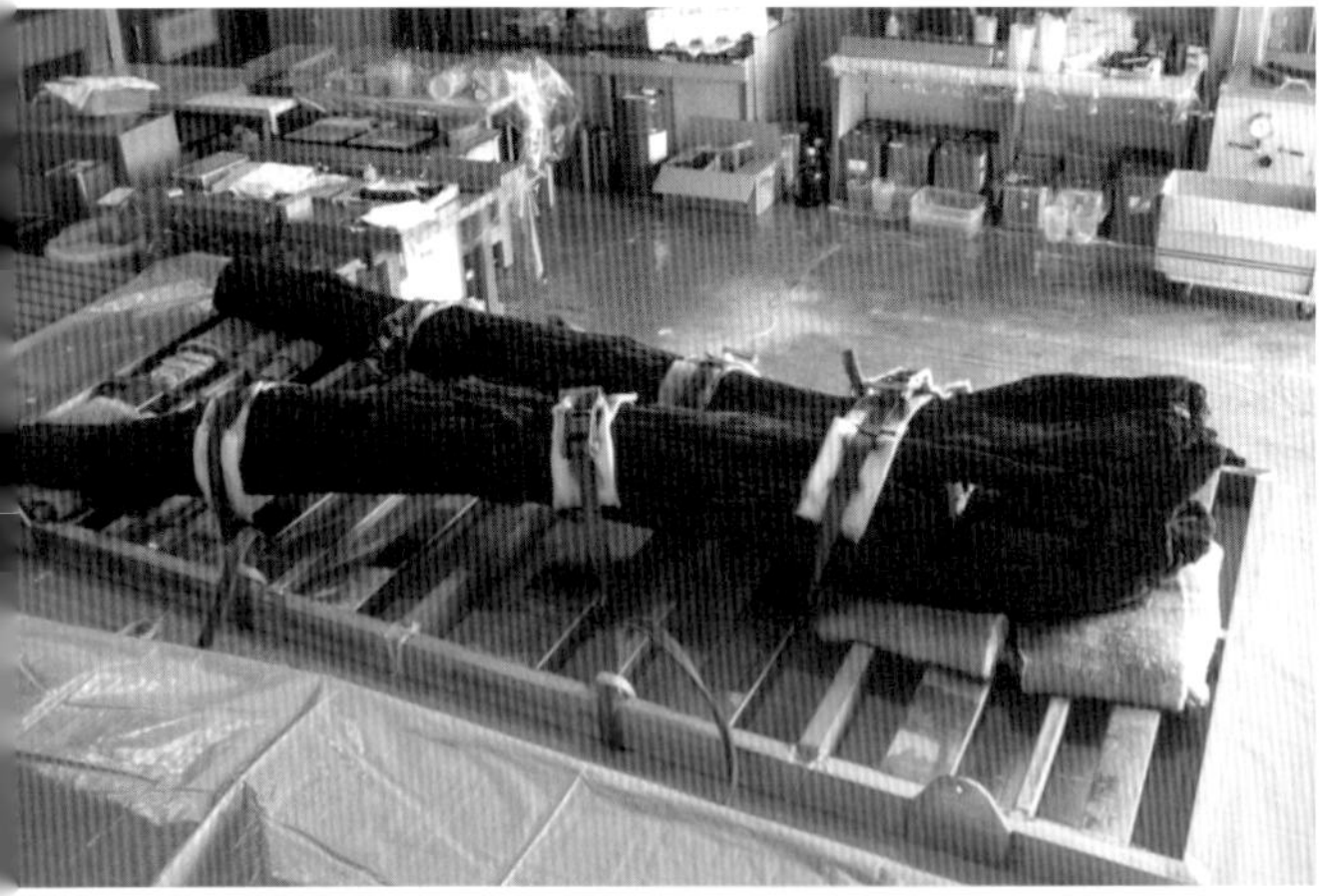

鹿苑寺出土修羅

鹿苑寺（金閣寺）

大型真空凍結乾燥機

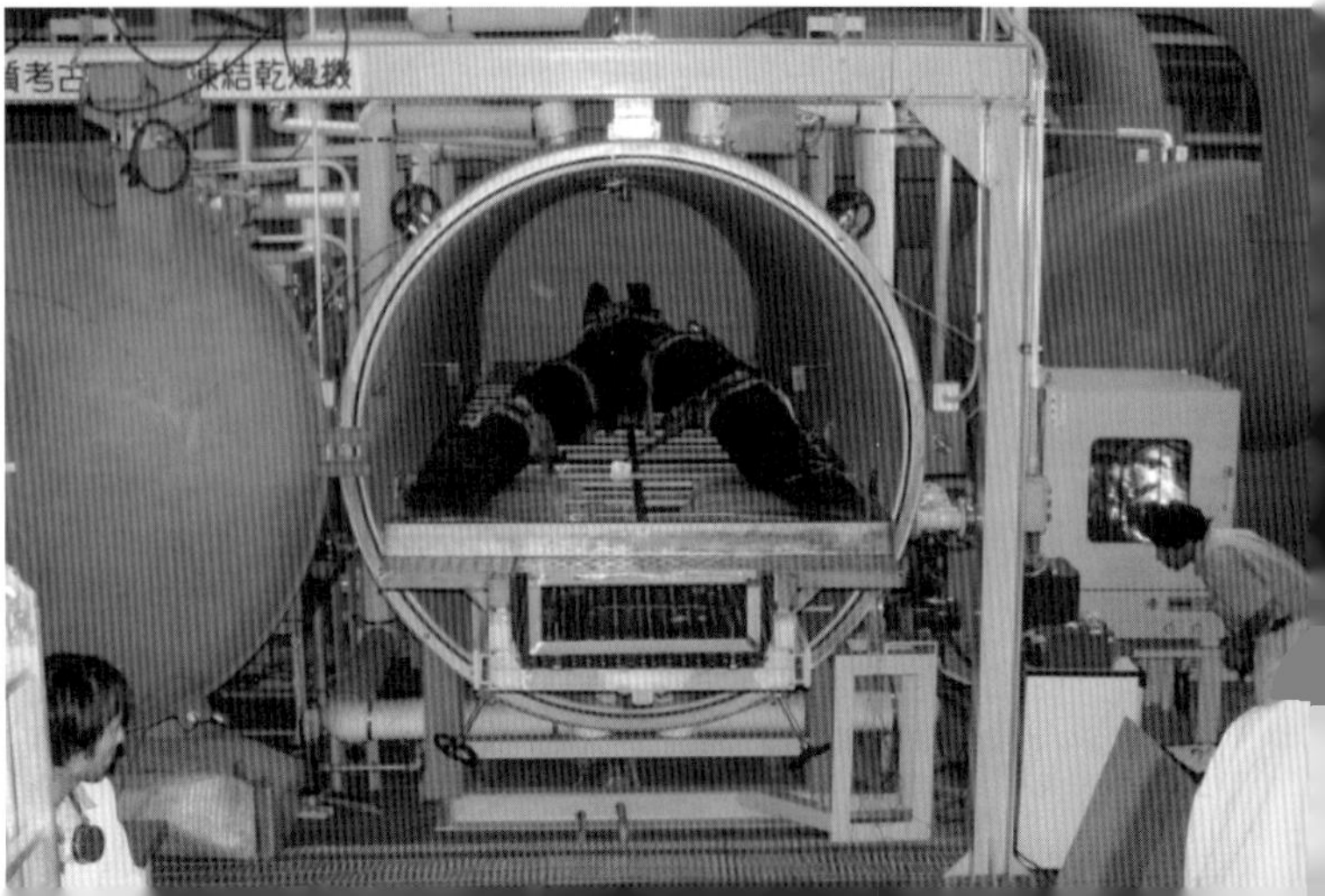

図10　大型木製遺物の保存（口絵カラー参照）

図11　出雲大社から出土した三本柱

それをもとに、その環境を整えてやることで長持ちさせることができるのであれば、ものに直接触るわけではないので、環境改善をまず考えます。そして、環境を改善することができないのであれば、その環境に対する抵抗性を遺物に与えるような処置を施します。環境対策です。それらで安定化を図ったり、強化をすることが保存修復になります。そして、経過観察をしていきます。「目通し、風通し」です。問題が起こったとき、もう一度、現状調査に戻るようにします。このように、維持的な小さな修理を繰り返していくことで、遺物の寿命をできるだけ長く延ばしていきます。

文化遺産を守り伝えるのに、さまざまな科学技術が使用されていることを述べてきましたが、伝統的な修理の現場にも科学技術が応用されています。科学技術が文化遺産の保存修理に大きな役割をはたしていることは間違いありません。前述しましたが、「目通し、風通し」による定期的な人間の目と伝統の技、そして科学技術がうまく融合して、文化遺産を将来に伝えていくことができるものと思います。

遺跡を現在に活かし、未来に伝える
―平城宮跡の保存と整備―

平澤　毅
文化遺産部景観研究室長

ひらさわ・つよし
一九六七年　東京都生まれ
一九九四年　東京大学大学院農学系研究科修士課程修了
一九九五年　奈良国立文化財研究所研究員
一九九九年　文化庁記念物課（名勝部門）技官／文化財調査官
二〇〇七年　奈良文化財研究所主任研究員
二〇〇八年　文化遺産部遺跡整備研究室長
二〇一二年　現職
現在の専門分野は造園学

今日、全国各地において、数多くの考古学的遺跡が整備され、広く公開されています。それらが本格的に取り組まれるようになったのは、昭和四〇年代以降のことです。その一つの重要な基礎をなしたのが、平城宮跡の整備です。

奈良文化財研究所（以下、「奈文研」と略す）では、創立の早い段階から平城宮跡の調査と研究、遺跡の保護を一連の活動として取り組んできました。遺跡の保護を考えるうえでは、それぞれの遺跡の内容と価値が広く理解されることが重要です。もちろん、調査研究の成果を公開・普及することもその一つです。一方、発掘調査を実施しているときは遺構をご覧いただきながら、その内容や価値をお伝えすることができますが、その保護、保存を考えると、いつまでも発掘した遺跡を開けたままにしておくことはできませんので、盛土して遺構を保護します。埋め戻すと、専門家でも現地の状況をすぐに直感することはできなくなります。

そこで、埋め戻した遺跡をどのように保存し、どのように表現すれば、その内容と価値を守り伝えることができるのか。そのことを検討することが奈文研の重要な研究分野の一つとなってきました。ここでは、もっとも重要な事例である平城宮跡におけるこれまでの取組の経過と考え方、現状を紹介するとともに、さらに将来に向けた活動の意義などについても少し触れたいと思います。

日本における遺跡整備の諸相

現在、日本においては、全国各地に四〇万か所以上の考古学的遺跡の所在が確認されています。このうち、法律や都道府県・市区町村の条例などによって保護の措置が講じられているものは、少なくとも一万件はくだらないものと思われます。

日本における文化財保護のための基本的な制度である『文化財保護法』第一条には、「この法律は、文化財を保存し、且つ、その活用を図り、もつて国民の文化的向上に資するとともに、世界文化の進歩に貢献することを目的とする」とあり、同法には埋蔵文化財の保護に関しても規定されています。冒頭に所長からもありましたが、奈文研は、『文化財保護法』の理念に基づき、文化財の調査研究と保護に取り組んでいます。遺跡の保護は、保存と活用が調和することによって初めて社会的な意義を有する運動となります。そして、遺跡の整備を適切に行うことで遺跡の保護が実現されます（**図1**）。日本では高度経済成長期以来、半世紀にわたって、特に考古学的遺跡の保護とともに遺跡の整備が大きく発展してきました。

『文化財保護法』は昭和二五（一九五〇）年に制定・施行されましたが、これに先立って大正八（一九一九）年に制定された『史蹟名勝天然紀念物保存法』以来、遺跡の恒久的な保護措置は、史跡の指定というかたちで取り組まれてきました。その流れはそのまま『文化財保護法』へと受け継がれています。史跡、名勝、天然記念物の『文化財保護法』施行時の指定件数と、平成二四（二〇一二）年一〇月一日現在の指定件数を**図2**に示します。文化財保護法施行時には、天然記念物の指定がもっとも多く八〇九件、名勝が二四一件、史跡に指定されている記念物の合計件数が六二九件でした。そして、この六〇年余りの間に史跡が一千件余り追加され、合計一七〇一件に達しています。その背景には、急速な経済発展とともに国土基盤整備が強力に進めら

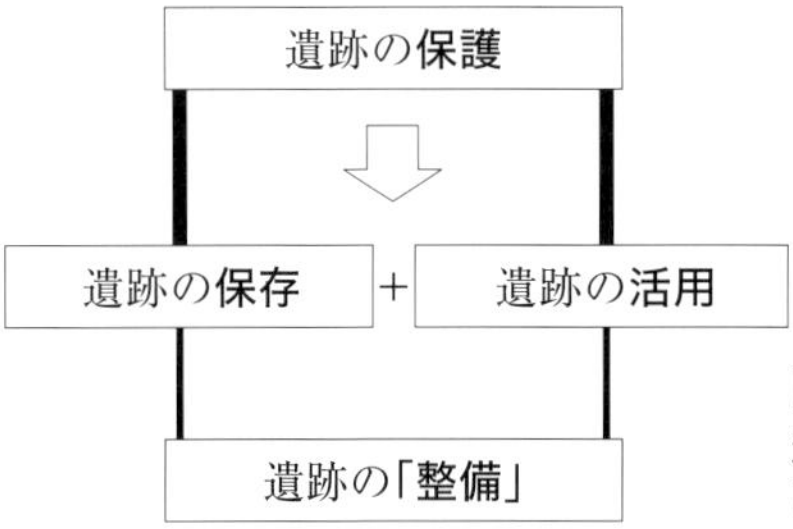

図1　遺跡の保護と整備
遺跡の整備とは、保存と活用を調和的にむすびつけ、よりよい保護を実現していくこと

れ、道路の建設や鉄道の敷設、大規模開発に伴って、特に考古学的遺跡の発見と保存が大きく進展してきたことがあります。

そのような社会情勢の中で、史跡名勝天然記念物や埋蔵文化財の保護と国土の開発とのせめぎあいが先鋭化してきたのが、昭和三〇年代でした。開発圧旺盛なこの時代にあって、遺跡を守るためには、厳しい規制の代償として公有化するということによらなければ、もはや、保護の法的措置を講じることそのものがきわめて難しい段階に至りました。そして、前時代的な凍結保存ではなく、保存した遺跡の有効活用が社会的に求められるようになってきたのです。遺跡の保護は、たんなる学術上の観点のみならず、現に活動している社会にとっても意義あるものです。したがって、それを国民一般に広く普及するとの観点から、遺跡整備の促進が文化財保護政策

	文化財保護法施行時 昭和25(1950)年8月29日施行 ［史蹟名勝天然紀念物保護法による］	増加	文化財保護法施行後 平成24(2012)年10月1日現在
史跡	574	→ 1,069	1,643
史跡及び名勝	27		28
史跡及び天然記念物	2		3
名勝	148		270
名勝及び**史跡**	22		24
名勝及び天然記念物	35		39
天然記念物	759		944
天然記念物及び**史跡**	3		3
天然記念物及び名勝	9		10
史跡に指定されている記念物の合計件数	629	→ 1,072	1,701
※同上参考			
名勝	241	→ 130	371
天然記念物	809	→ 320	999

図2　文化財保護法施行時と現在の史跡指定件数
この60年の間に、史跡の指定は1,000件余り増えた

上の重要な課題となってきました。
その嚆矢となる最重要の事例の一つが、平城宮跡で実践されてきた取組であったのです。

「平城宮」と「平城宮跡」

考古学的遺跡の多くは地下に埋もれて目にみえないものが多いことから、その存在や内容を広く伝えるために、遺跡の確かな保存とともに豊かな活用を図るための整備が、この半世紀余りの間に大きく発展してきました。いまや、その取組は日本全国のあらゆる時代、あらゆる種類の遺跡で数多くの事例をみることができます。たとえば、縄文時代や弥生時代を中心とした先史時代の数多くの遺跡が整備されてきましたし、古墳や古墳群、古代の都や役所の跡、さらには、中世・近世の城跡、そして古代の寺院跡などをはじめとする信仰にかかわる遺跡などの整備も進められてきました。これらの整備が全国各地で本格的に取り組まれるようになったのは昭和四〇年代からで、その先駆けとなったのが、本日お話しする平城宮跡の保存と整備でありました。

現在、平城宮跡にはスタンプラリーが用意されています。そのスタンプラリー用紙の裏面にある散策マップ（図3）は、現在の平城宮跡の整備状況をよく示しています。平城宮跡資料館、第一次大極殿、遺構展示館、それから東院庭園と朱雀門の五つのポイントを巡ることで、平城宮跡の内容と特色を楽しみながら理解できるように工夫されています。

平城宮跡のほぼ全域が保存され、さまざまな手法を組み合わせながら現在の姿に整備される二〇一〇年まで、およそ半世紀を要しています。二〇一〇年は、七一〇年に平城京へ遷都してから一三

○○年の節目にあたり、それを記念するイベントが一年間にわたって開催され、期間中に六九○万もの人々が訪れて、平城宮跡の保護の意義をさらに深めました。

「平城宮」は、南北約五キロメートル、東西五・八キロメートル余りにわたる古代日本の都、平城京にあって、国のさまざまな儀式や政治の中心となる宮殿と役所からなっていました。平城京は、東西・南北の向きに碁盤目状の区画をつくって「平城宮」を北端の中心に置きました。そこから南に真っすぐに幅約七五メートルの朱雀大路を通して、その右側を右京、左側を左京といいます。ほかの都城遺跡と比較して特徴的なのは、左京のさらに東側に外京と呼ばれる区域を持っていたこ

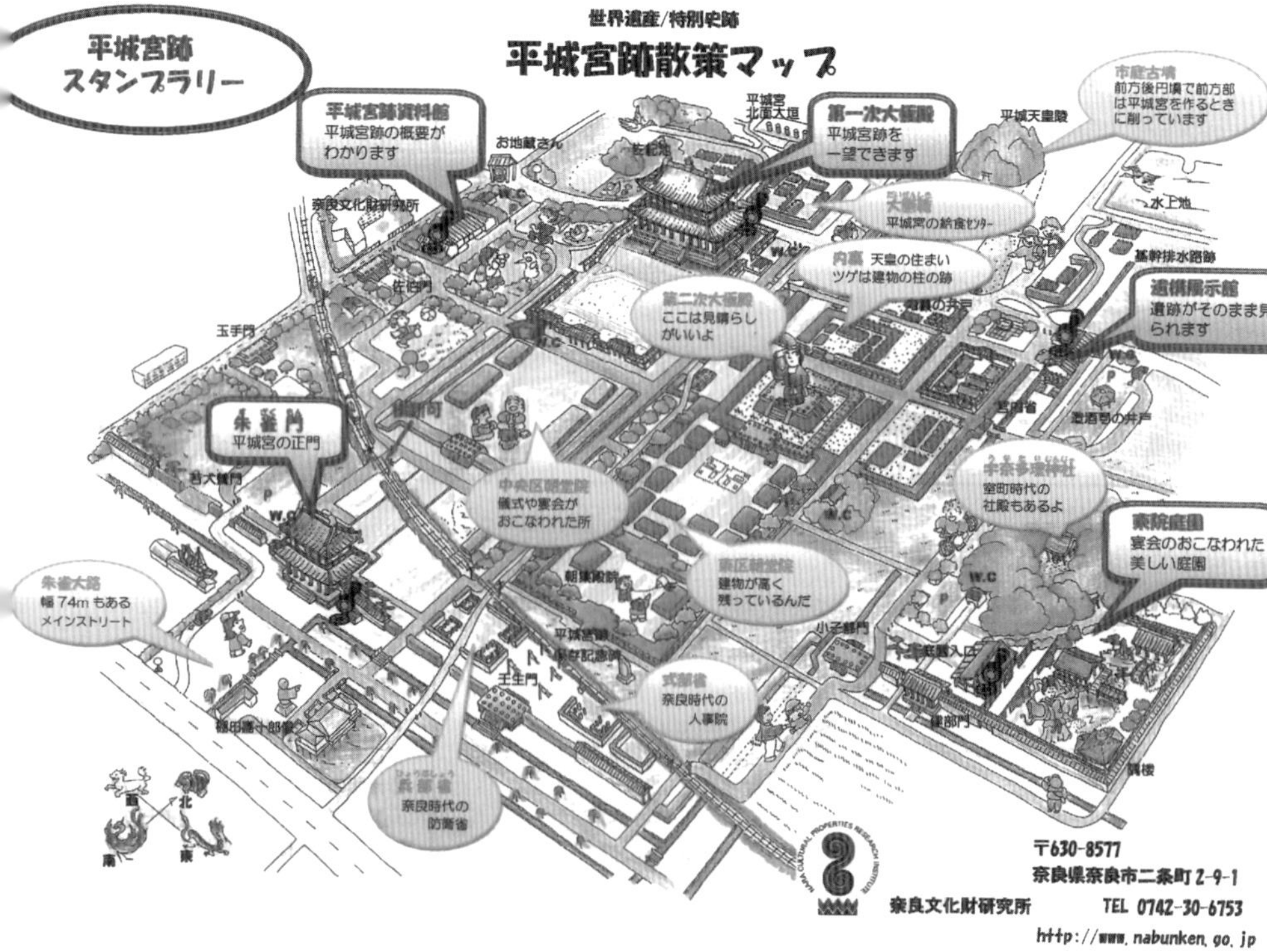

図3　平城宮跡散策マップ
平城宮跡スタンプラリーの用紙に表現された現在の平城宮跡の姿

とです。「平城宮」は、東西一二八四メートル、南北一〇一八メートル、面積にして約一二四ヘクタールにわたる広大な面積を擁していました（**図4**）。

　平城京は、和銅三（七一〇）年に藤原京から遷都し、途中、天平一二（七四〇）年から都を遷しながら、再び天平一七（七四五）年に戻って延暦三（七八四）年に長岡京へ遷都するまで、古代日本の都であった場所です。奈良時代は七四〇年から七四五年の期間を挟んで、大きく前半と後半とに分けられ、それに対応して、平城宮は内部の様相をかえます（**図5**）。もっとも大きな違いの一つは、平城宮の中枢となる大極殿の位置がかわることですが、奈良時代を通じて中枢部が二つの区画にわたっていたことも注目すべき

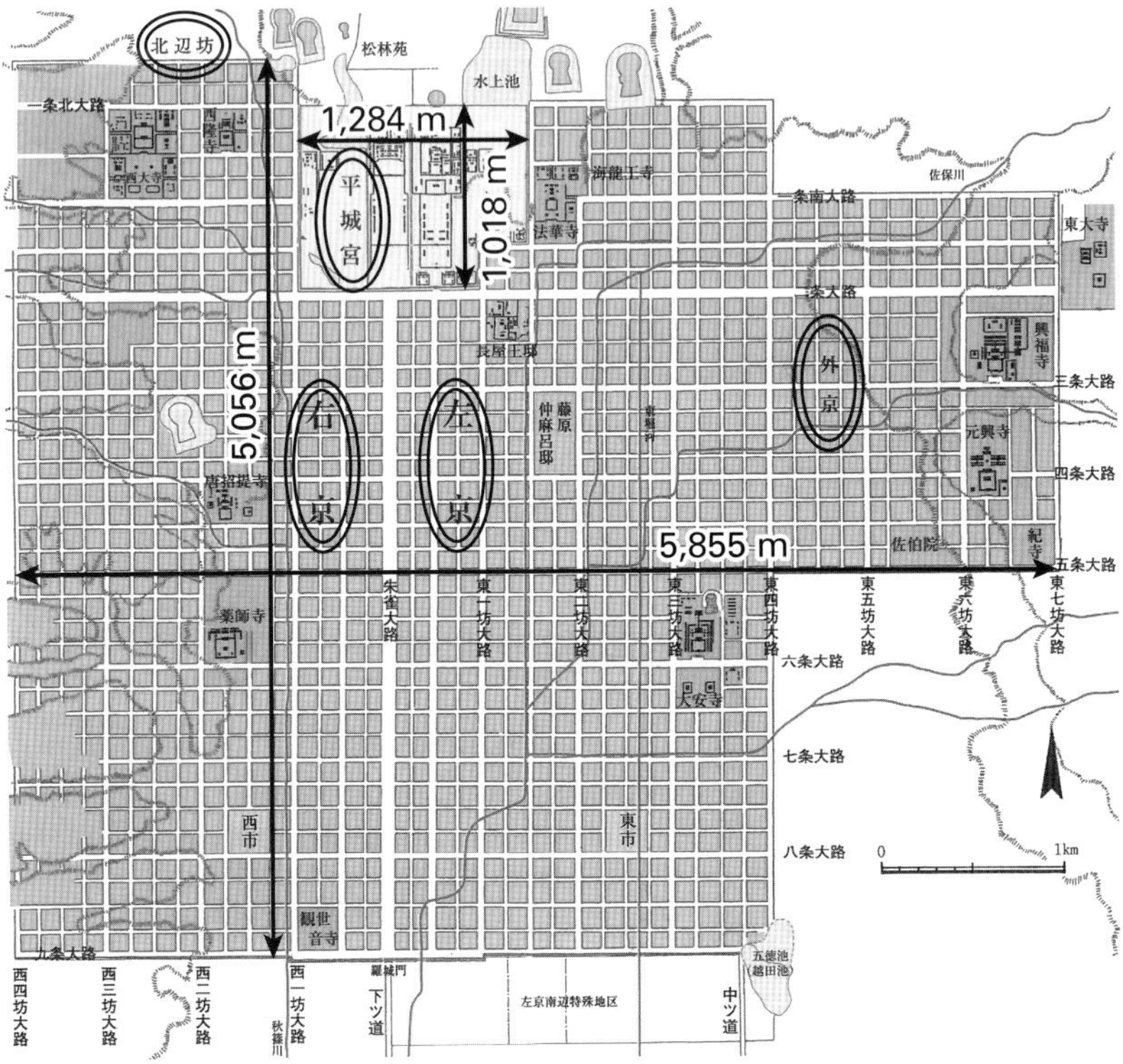

図4　平城京と平城宮
碁盤目状に区切られた方形の区画に東側の張り出し部を持つのが特徴

特徴としてあげられます。ほかにも、奈良時代を通じてさまざまな試行錯誤が繰り返され、それを反映した役所などの配置の複雑な変遷がみられます。

一方、都が遷った後の「平城宮跡」は、そのほとんどの区画が一〇〇〇年以上にわたって耕作地となっていました。そのため、奈良時代の遺構がとてもよく残されています。加えて、地下水位が高い

大宝元年（701）
大宝律令を制定する。

和銅3年（710）
平城京に都を遷す。

天平12年（740）
恭仁京に都を遷す。

天平14年（742）
紫香楽宮をつくる。

天平16年（744）
難波宮を都とする。

天平17年（745）
紫香楽宮を都とする。
平城京に都を還す。

延暦3年（784）
長岡京に都を遷す。

延暦13年（794）
平安京に都を遷す。

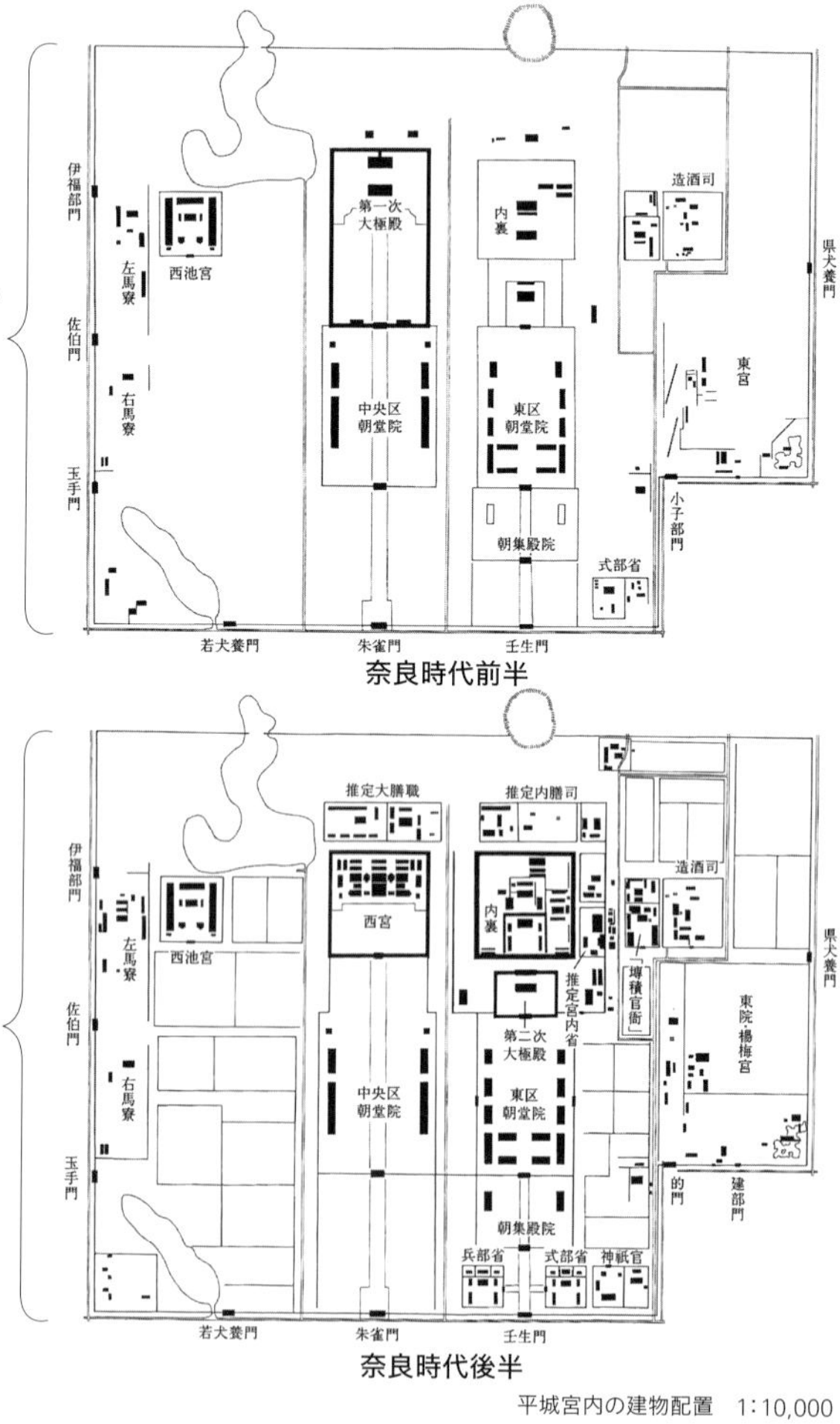

図5　平城宮の変遷
これまでの調査研究の成果から、奈良時代前半と後半とで大きく様相をかえたことがわかっている

ことにより、通常は腐って残らない木製の遺物や遺構もきわめてよく保存されています。そして、半世紀以上の長きにわたって発掘調査と学際的研究が継続的に取り組まれ、さらに野外博物館として整備されてきました。

平城宮跡の保護の現状と経過

特別史跡平城宮跡の指定範囲は約一三一ヘクタールです。東側の法華寺の集落と、北側の佐紀町と佐紀西町の集落部分を除いた約一一一ヘクタールを国有化する計画で、これまでに九八・四％の買い上げが完了しています。

この平城宮跡には東西、南北を一本ずつの道路と、民間の鉄道路線（近畿日本鉄道奈良線）が通過しています。宮跡内の南東部には、重要文化財の宇奈多理座高御魂《うなたりにいますたかみむすび》神社本殿と、東に法華寺、海龍王寺の古刹、北には平城《へいぜい》天皇楊梅陵《やまもものみささぎ》（市庭古墳）があります。

図6には、平城宮跡の指定経過を示しました。最初、大正八（一九一九）年制定の『史蹟名勝天然紀念物保存法』により、大正一一年に中心部分が指定され、その後、昭和一一（一九三六）年にその北側部分が追加指定されました。また、昭和二五年に『文化財保護法』が制定されると、新たに設けられた規定により、昭和二七年、特別史跡に指定されました。

平城宮跡の南端を通る現在の近鉄奈良線は、大正三（一九一四）年に大阪電気軌が開通・営業した路線で、史跡指定以前からありました。一方、戦後になって、この鉄道路線に関連して、指定地の南東方に操車場の建設計画が持ち上がりました。さきほどの渡辺さんのお話にもありましたが、操車場の計画地は、平城宮のあった範囲に含まれていました。そして、さまざまに国民的な保存運動が展開され、この西側の部分についても保存の方針が示され、併せて宮跡地の全面国有化の方向性が決定されて、この部分は昭和四〇（一九六五）年に法律の手続きを経て追加指定されました。

一方、一九六〇年代にはもう一つ、平城宮跡の東側直近を通過する国道のバイパス建設工事が計画されました。当時、平城宮は方形と考えられていて、東西南北それぞれの限りに三つの宮城門があると想定されていました。その時点において、朱雀門、すなわち、南辺の真ん中の門と、現在の奈文研庁舎の前にある佐伯門（西辺の真ん中の門）、そして、その南側の玉手門はすでに発掘調査が行われており、具体的な位置と規模が明らかになっていました。ですから、西側の宮城門の位置に対応する東側の場所

図6　法律による平城宮跡の指定の経過
平城宮跡は、大正8年制定の『史蹟名勝天然紀念物保存法』により大正11年に史蹟に指定されて以来、その保存の区域を追加してきた。昭和25年制定の『文化財保護法』により、昭和27年には特別史跡に指定されている

にも宮城門の遺構があると考えられましたので、平城宮東辺の門跡その他の様相を確認するために発掘調査を行うこととなりました。

昭和三九（一九六四）年度の第二二次調査では、東辺の北門と中門が想定される区域で発掘調査が実施されますが、北門の想定位置には、調査の成果から造酒司の跡と考えられる遺構が検出されるなどして、どちらの門も見つかりませんでした。翌年、東辺の南門を確認するための調査が実施されましたが、東に口を開いた門は見つからず、南面する宮城門の跡が見つかりました。これにより平城宮跡の範囲が東に延伸することが明らかになりました。

さらに、その延長を追った東端の区域からは、奈良時代の庭園の遺構が発見されました。奈良時代の庭園遺構は地上に残っているものはないことから、この発見は日本庭園史のうえでもきわめて重要なものでした。

そうして、東の張り出し部があり、造酒司とその南半分の「東院」と呼ばれる区画の存在が明らかになりました。これによってバイパス路線の計画は変更され、昭和四五（一九七〇）年に東の張り出し部分に相当する区画が追加指定されました。昭和五四（一九七九）年には、二条大路とその周辺を含む区画、平成三（一九九一）年には北側の小さな区画が追加指定されました。

この昭和五四年の追加指定をもって、平城宮跡はそのほぼ全域の保存が実現されたわけです。なお、この間の経緯については、元奈文研所長の坪井清足先生が、昭和五〇年発行の「日本の美術」第一一五号『平城宮跡』に詳しく著されましたので、ぜひご覧いただきたいと思います。

平城宮跡の整備

平城宮跡の整備は、地域住民や国民への保存の理解を求めるために、その内容と価値を伝える活動でした。こうした保存と整備の背景には二〇世紀初頭からの先人たちの命をかけた取組がありました（**図7**）。すなわち、棚田嘉十郎や溝辺文四郎らによる「平城宮址保存会」、そして「奈良大極殿趾保存会」による取組です。しかし、このときの整備は、奈良時代後半の第二次大極殿を含む一部にかぎられていました。

文化財保護委員会の付属機関として発足間もない奈文研によって、平城宮跡の継続的な発掘調査と研究が取り組まれるようになったのは昭和三〇（一九五五）年からです。発掘調査後に保存のため埋め戻される遺跡の内容とその価値をどの

＊1900年代：棚田嘉十郎・溝辺文四郎らによる「平城宮址保存会」

＊1913～1922年：「奈良大極殿趾保存会」
内裏南半部、第二次大極殿院地区・朝堂院地区の整備
土地の購入、名称標石の建立、排水のための外周堀　など

＊1959～1969年：文化財保護委員会・文化庁による整備
遺構覆屋の建設、宮内水路の改修、調査・整備のための仮設道路　など

＊1964～1969年：国庫補助事業の下に奈良県（法律上の管理団体）が整備
内裏地区・朝堂院地区の土壇修復、園路整備、サクラ植樹　など

＊1970～1977年：奈良国立文化財研究所による整備
内裏地区におけるツゲの柱状刈込植栽による遺構表示
内裏回廊における基壇の復元的整備、宮内省南殿建物の復元的整備　など

＊1978年：「平城宮跡整備基本構想」（文化庁）
第二次大極殿院における基壇の復元的整備
第一次大極殿院西方地域における湿地の整備

＊1978～2000年：奈良国立文化財研究所による整備
内裏地区におけるツゲの柱状刈込植栽による遺構表示
内裏回廊における基壇の復元的整備、宮内省南殿建物の復元的整備　など

＊2001～2010年：文化庁による整備
平城遷都1300年祭記念事業協会、国営公園事務所の整備
第一次大極殿の復元的整備、平城遷都1300年祭

＊2011年～：国営公園事業等による整備

図7　平城宮跡における整備の沿革
平城宮跡の整備は、昭和30年代以降、継続して進められているが、その礎は、明治・大正時代の保存顕彰運動にある

ように伝えたらよいのかということについて、私どもの大先輩方は熱心に議論されました。その成果を受けつつ、昭和四〇年からは文化財保護委員会と、そして、昭和四三年からは文化庁や奈良県などと一緒になって、保存と整備の取組を進め、今日の流れにつながっています。

昭和四五（一九七〇）年からは、平城宮跡全般の保存管理と整備を当時の奈良国立文化財研究所が担当することになりました。そして、一九七〇年代の追加指定により、全域保存がかなった平城宮跡の内容と価値を広く伝えるため「遺跡博物館」の方向性が検討され、昭和五三年には「整備基本構想」としてまとめられました。近年に至る平城宮跡の整備は、この構想を基本として、平成一二（二〇〇〇）年の春まで、奈良国立文化財研究所によって進められました。

平成一三年、奈文研の独立行政法人化により、平城宮跡の整備は文化庁の直轄事業として、また、平城遷都一三〇〇年や国営公園の事業として進められ、平成二三年以降は、国営公園事業を中心として取り組まれています。

図8は一九六〇年代の写真です。この写真では、現在の奈文研庁舎である旧奈良県立病院の建物が建設中です。この建物はおよそ五〇年を迎えますが、その建設当時においては、大正時代に整備された範囲以外のほとんどが耕作地でした。

図9に示した空撮写真から、昭和六三年の写真では、「推定宮内省」区域の復元的整備や「遺構展示館」、そして、二つの中枢部の朝堂院の平面的配置が整備されている様子とともに、周辺地域の市街化が進んでいることがうかがわれます。平成一一年の写真には朱雀門が、そして、平成二〇年の写真では、整備された東院庭園の姿とともに、工事中の大極殿の覆屋が写っている一方で、周

図8　1960年代の平城宮跡
1960年代の平城宮跡は、大正時代に整備された第二次大極殿とその南側の朝堂院地区以外は、ほとんど耕作地であった。写真には、奈文研の現庁舎である奈良県立病院建物の建設中の様子がうかがえる

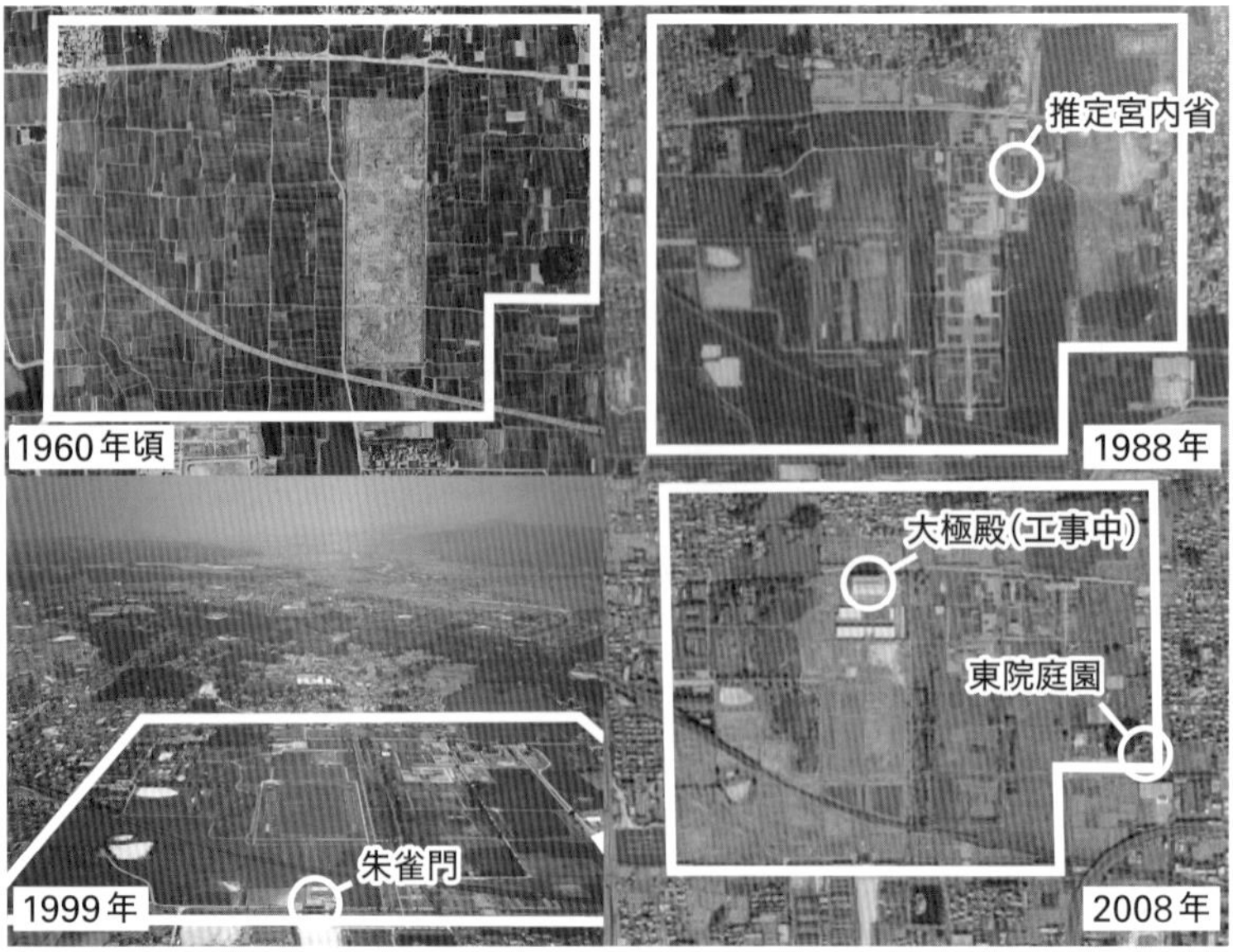

辺地域では、平城宮跡の南側や南東側の開発がさらに進んでいる様子がわかります。このように、平城宮跡は、全域保存によって、周辺市街地の開発からも保護され、都市における貴重な緑地空間としても相対的な重要性が高まってきたのです。

平城遺跡博物館基本構想

昭和五三年にまとめられた「平城宮跡整備基本構想」では、奈良時代を通じた遺跡の保存のため、奈良時代後半の姿を地上に表現することとされました（**図10**）。それは、一般に、奈良時代前半の遺構は奈良時代後半の遺構より深い部分にあるので、奈良時代前半の様相を全面的に明らかにするために発掘調査を進めれば、奈良時代後半の遺構のほとんどは失われると考えられたからです。また、この基本構想では、特別史跡平城宮跡において、それまで進められてきた遺跡保存、発掘調査、関連研究などの諸業績を記念し、その成果を公開展示するとともに、さらにその活動を継承・発展させるのを目的とすることが明記されています。そして、次の三つの観点から、平城宮跡の活用を図ろうという計画でした。

第一は、「発掘調査や関連研究の成果に基づき、広く国民各層を対象に、古代都城文化を体験的に理解できる場とすること」、第二は、「平城京跡をはじめ、その他の律令制下諸遺跡をも対象とした発掘調査および関連研究の場とすること」、第三は、「上記二つの場の形成と関連し、遺跡の保存整備、遺構・遺物の保護・修復・復原等に関する技術開発とその実践的な応用及び技術蓄積の場とすること」です。

▶**図9　平城宮跡とその周辺地域の変遷**
1960年ころは一面に耕作地が広がっていたが、平城宮跡の整備が進むのと併せて周辺地域の市街化も進んだ（口絵カラー参照）

図11は、構想が取りまとめられた一九七〇年代後半の第二次大極殿および内裏地区の整備状況です。奈良時代後半における平城宮の整然とした空間性が表現されています。現在に至る平城宮跡の姿は、この一九七〇年代における検討と実践を基礎としています。

平城宮跡における整備手法

このような平城宮跡の整備の手法は、昭和三〇（一九五五）年ころから検討された次の三つを基本としています。第一は、発掘調査で検出された地下遺構の実物をみられるようにする手法（遺構露出展示）です。第二は、発掘調査で検出された建物跡などの規模を知ることができるように、地上に平面的、立体的な表示を施す手法（遺構表示）です。第三は、発掘調査で検出された建物跡などについて、さまざまな観点から、かつての姿を研究し、蓋然性高く復元する手法（復元整備）です。

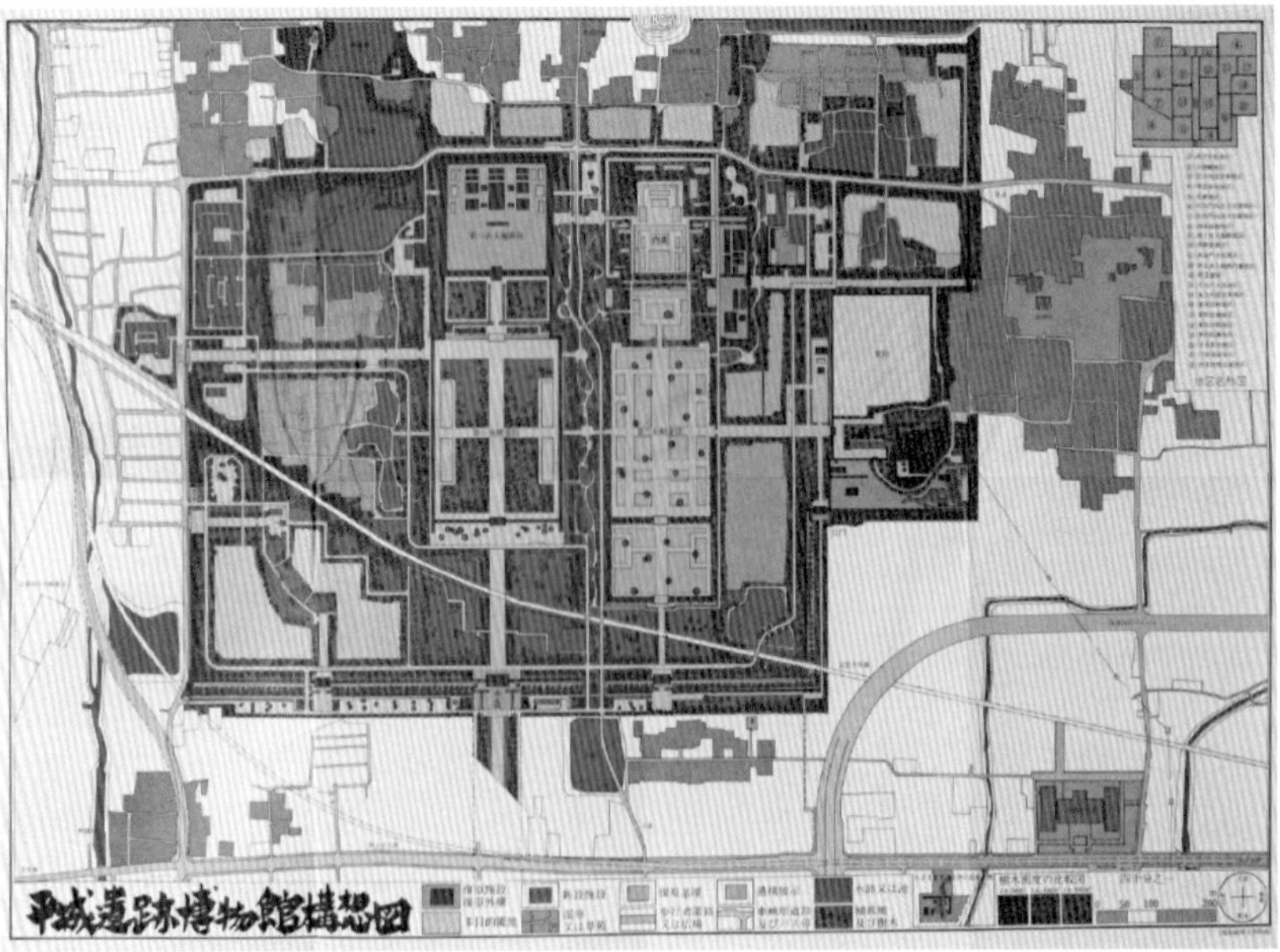

図10　平城遺跡博物館構想図

図12は、遺構露出展示のために検討された施設計画のイメージ図です。地下にある遺構の保存に直接影響を与えないようにするため、盛土を施し、そのなかに保護覆屋の基礎が収まるように工夫されています。昭和四〇年ころに整備された遺構展示館は、半世紀にわたって発掘された遺構を展示しています。遺構の保存を万全とする点において課題がないわけではありませんが、地下に埋もれた遺跡の存在を直接感じるのにきわめて大きな役割をはたしています。

また、平城宮跡からは膨大な数の建物跡が発見されます。それらのうち地面に穴を掘って直接柱を立てる掘立柱建物の位置と規模を伝える手法で、柱の跡をツゲの円柱形状の刈り込みで表現しています（図13）。さらに、内裏地区の築地回

図11　1970年代の第二次大極殿および内裏地区の整備状況
奈良国立文化財研究所編『平城遺跡博物館基本構想資料』の口絵に掲載された第二次大極殿および内裏地区の整備状況。現在につながる整備は、1970年代の検討と実践を基礎としている

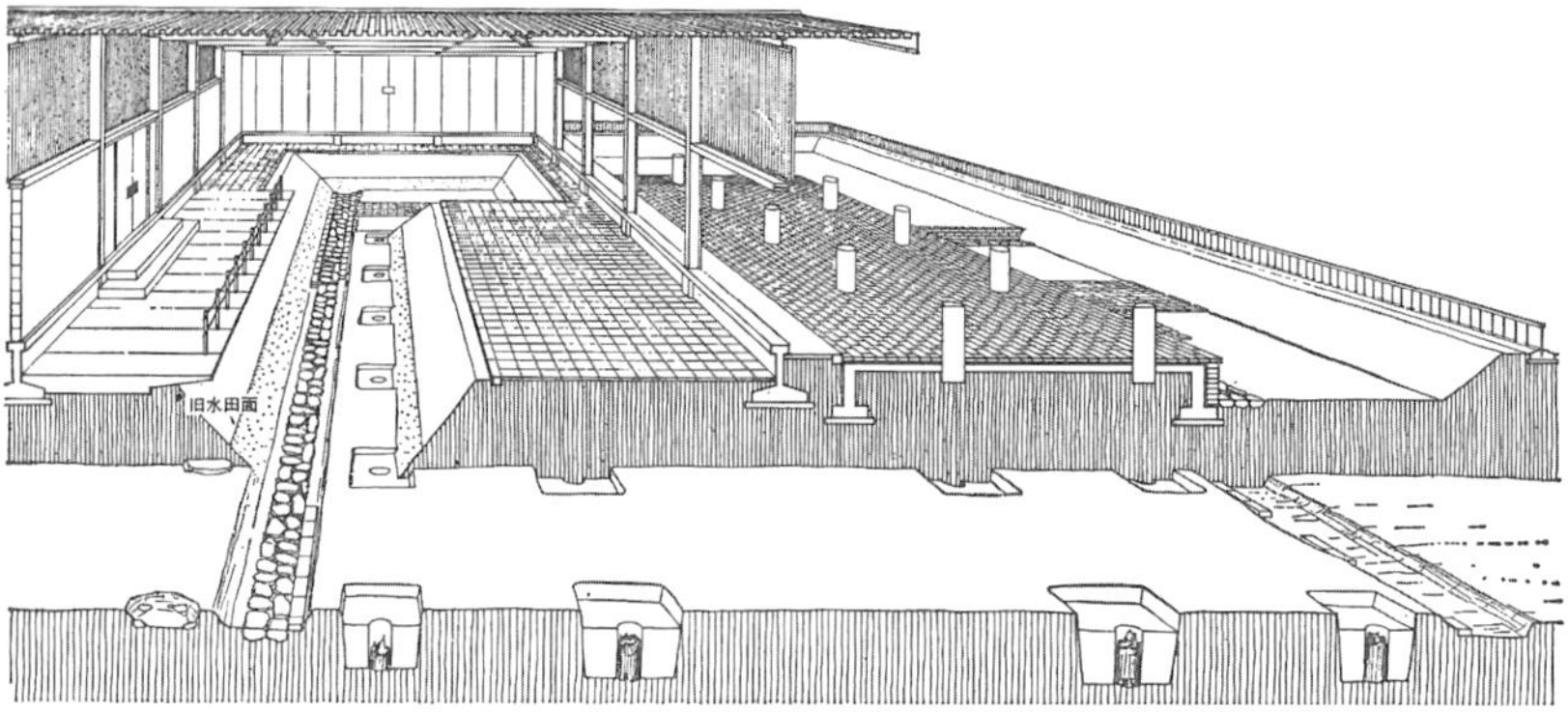

図12　遺構保護覆屋の建設イメージ図
平城宮跡に現在もある「遺構展示館」の南館（塼積官衙地区）の検討過程で描かれたイメージ図。地下遺構の展示施設と遺構の保護措置を兼ね備えた計画としている

図13　低木植栽による掘立柱建物跡の表現
平城宮跡には数多くの掘立柱建物跡が検出される。内裏地区では、地下遺構を盛土保護した上に、掘立柱建物の柱を低木の円柱状刈込によって表示して、建物跡の位置や規模、整然とした配置などを表現している

廊の遺構表示の整備のように、建物の土台である基壇を再現的に示す立体的表現も試みられました。それから、宮城南辺の門を立体表示して、宮城を取り囲む大垣の一部を形状復元し、残りの部分はサザンカの刈り込みで位置と規模を表現しています。また、奈良時代以前の古墳の周濠などの時代的な重層関係を示したりもして、さまざまな手法が試されています（**図14**）。

一方、宮内省と推定される役所跡では来訪者が休憩したりすることを想定して、昭和四八（一九七三）年に、平城宮で初めて建物の復元整備が行われました。それは、奈良時代の平城宮がどういうものであったかを伝えるのに、思った以上の効果があることを関係者に印象づけました（**図15**）。また、第二次大極殿、すなわち、かつて「大黒《だいこく》の芝」と呼ばれ、近代以降の平城宮跡研究・保存のきっかけをなした基壇のように、地上に高まりを残す遺構もいくつか

内裏地区の築地回廊の遺構表示整備

宮城南辺築地塀跡の植栽表示

宮城北辺地区の整備（古墳の周濠の重複表示）

図14　地下に残る遺構のさまざまな表現
発掘調査後は、遺構を盛土によって保護し、その直上にさまざまな材料・手法を用いて、奈良時代の平城宮跡の姿が表現されてきた

あります。そうした遺構の保存とも仕上がりの高さを調整しつつ、ほかの遺構と調和するような工夫をしたうえで表現しています。さらに、平城宮の南端に見つかった二つの官衙、式部省と兵部省の役所跡では、建物の柱や壁を一メートルほど立ち上げて表現する手法も試みています（図16）。

内裏で見つかった井戸の遺構は、残された石敷きなどを型取りして模型をつくり、本物の遺構は盛土保護のうえ、欠けていた部分を本物の石で補充し、かつての井戸のたたずまいを伝えていますし（図17）、造酒司で検出された井戸の整備では、本物の遺構を埋め戻し、その上に発掘された状態そのままを複製して表現しています。さらに、平城宮と平城京の全体像を示す一千分の一の地図も遺構展示館の前の広場に設置しています（図18）。

こうした取組のすべては、日本の全国各地

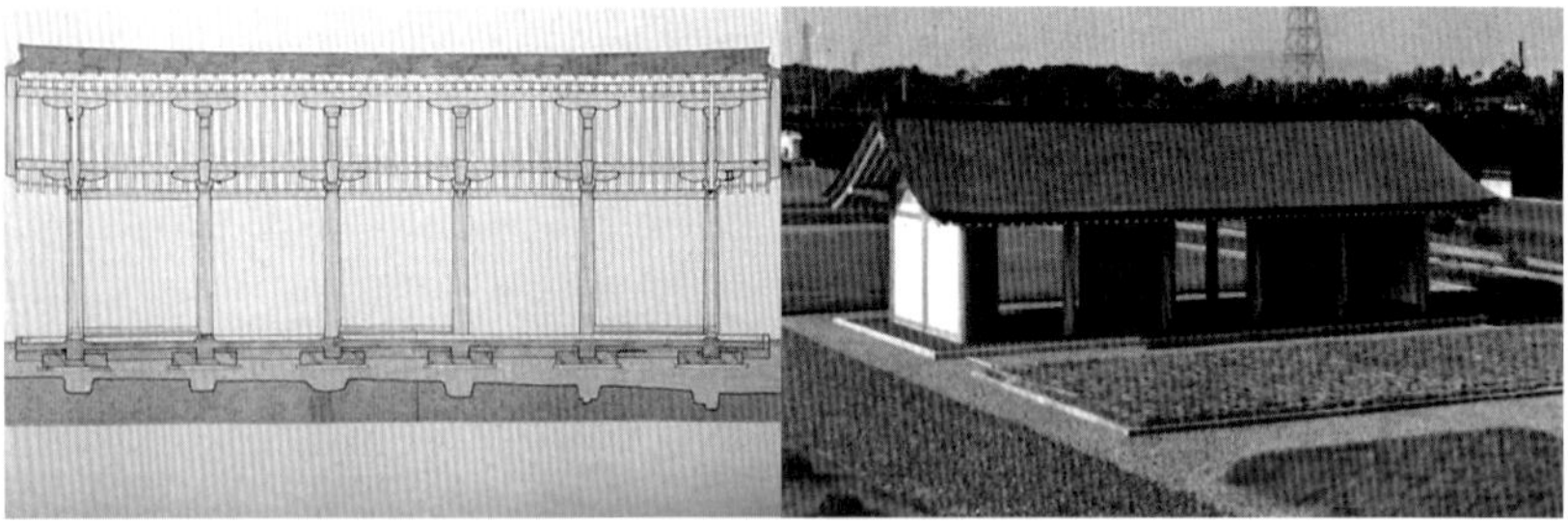

1973年宮内省南殿第一殿建物の復元整備

宮内省跡の整備状況（1993年頃）

図15　平城宮跡における最初の建物復元整備

平城宮跡では、地下に残る遺構を直接展示したり、地下遺構の規模を平面的・立体的に表示したりするほか、奈良時代の建物を再現する試みも行われた。昭和48年には、宮内省と推定される役所跡で初めて建物の復元整備が取り組まれたにおいて、その後の遺跡整備の手法に大きな影響を与えてきました。また、今日の史跡などの整備に関する国庫補助事業の基礎を検討するうえで重要な役割もはたしてきたのです。

昭和五三（一九七八）年の構想は、一九九〇年を一つの目安として検討されましたが、その後の文化財保護行政の進展、社会情勢の変化に応じて重ねて見直しが行われ、最終的には現在みられるようなかたちで整備する方向に収斂しました。

ここで注意したいのは、平城宮跡の整備は、平城宮

図16　壬生門および兵部省・式部省（奈良時代後半）の整備状況

第二次大極殿地区の南方、平城宮南辺の壬生門跡周辺地区の整備状況。近鉄奈良線と市道大極線（みやと通り）によって分断されている兵部省と式部省の跡では、建物跡の柱と壁を立ち上げて、半立体的に表現されている

図17　内裏に検出された井戸の整備
内裏で検出された井戸の跡では、残っていた石敷きを型取りして、遺構を埋め戻し、欠損部を補充して、当時の井戸の様子を再現している。なお、井戸に据えられていたスギ材の一木刳り貫きの井筒は保存処理のうえ、遺構展示館に展示されている

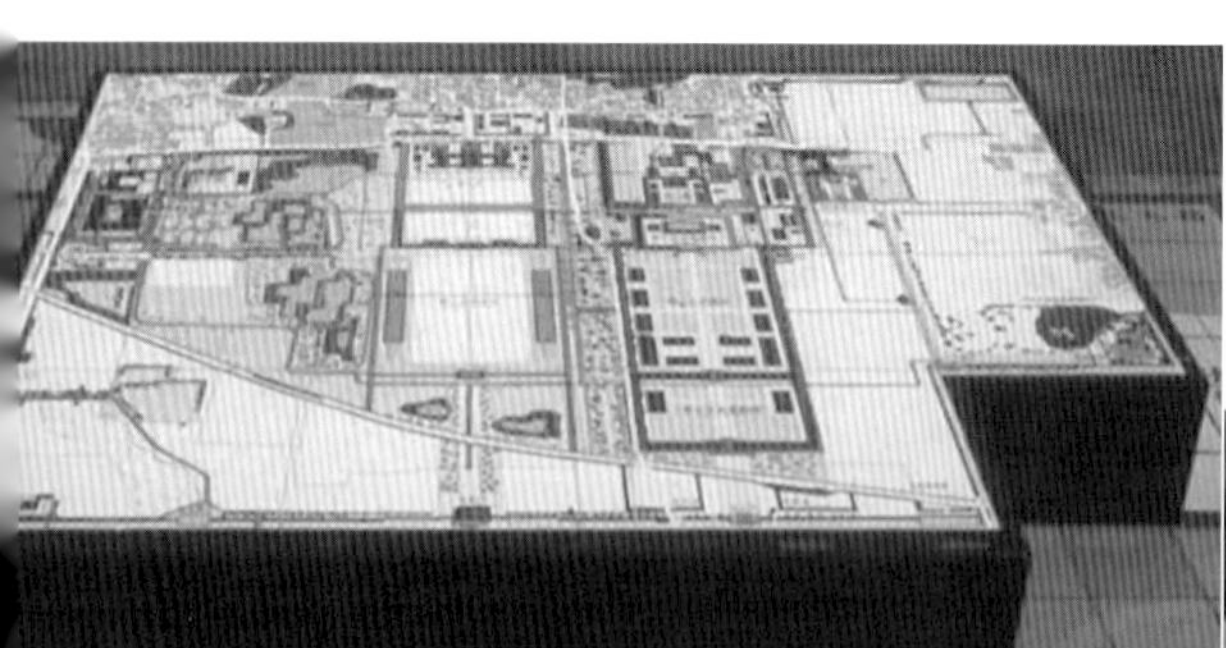

図18　平城宮・京域の地図
平城宮跡では、遺跡の全体像を伝えるために、平城宮および平城京の1,000分の1の地図を、遺構展示館の西側広場に設置している

の再現を目的とするものではなく、その内容と価値をさまざまな手法によって広く国民に伝え、いろいろな観点から現代社会に位置づけるために推進されてきたということです。その手法の一つとして、その空間性をわかりやすく伝えるために、すでに整備が進んでいた宮内省地域をはじめ、平城宮の空間上の枢要を示す朱雀門、第一次大極殿、そして東院庭園の復元的な整備が計画されました。

宮内省と推定される役所跡では、昭和四七（一九七七）年から復元的な整備に取り組み、平成一二（二〇〇〇）年までに、現在の姿が整備されました。

朱雀門については、昭和四〇（一九六五）年の一〇分の一模型製作を基礎として、さまざまな研究が取り組まれ、平成一一（一九九九）年の復元整備工事完了まで、じつに三五年にも及ぶ努力が積み重ねられました。

また、平城宮東張り出し部における遺跡保存を象徴する東院庭園は、平成元（一九八九）年に五〇分の一の模型を製作して以来、平成一二年に修復が完了するまで一〇年余りを要しています。修復された東院庭園は、奈良時代の庭園の姿を今に伝える顕著な事例として、平成二二（二〇一〇）年、特別名勝に指定されました（図19）。

平成二二（二〇一〇）年に完成した第一次大極殿については、朱雀門の復元検討が進められるなかで昭和五六（一九八一）年から復元的研究が進められ、その工事においては、なお八年の歳月をかけて完成したものです。

平城宮跡の国営公園化と奈良のまちづくり

昭和五三（一九七八）年の基本構想に示された計画目標がほぼ達成されてきたことを受け、文化庁は、新たな取組として、平成二〇（二〇〇八）年に『特別史跡平城宮跡保存整備基本構想推進計画』をまとめました。一方で、今後のさらなる発展のため、「国営公園化」や「まちづくり」などの観点が強調されるようにもなりました。また、長く取り組まれてきた発掘調査そのものも、遺跡博物館のいわば「生きている展示」としてすっかり定着してきました。

現在は、そのような流れや新たな推進計画を受けつつ、国土交通省によって策定された『国営平城宮跡歴史公園基本計画』に基づき、史跡朱雀大路跡やその周辺区域、また東院の南方を含めた区域で、引き続き国営公園事務所によって将来に向けた整備が進められています。

ご存じのとおり、平城宮跡は、東大寺、興福寺、春日大社、春日山原始林、元興寺、薬師寺、唐招提寺と併せ、平成一〇（一九九八）年十二月に「古都奈良の文化財」として、世界文化遺産に登録されました。これらの文化遺産は、将来にわたって奈良の都市計画や古都の歴史的風土の枢軸となります。この世界遺産への登録や朱雀門の完成を契機として、毎年、平城遷都祭が行われるようになりました。それが平城遷都一三〇〇年祭の礎となり、さらに継続した取組がますます活発になっています。

図19
特別名勝 平城宮東院庭園
昭和42年冬からの発掘調査によって発見された平城宮東張り出し部東南隅部の庭園跡は、奈良時代後半の姿を基本として、建物の復元などを含め、平成12年3月に整備が完了し、平成22年8月に特別名勝に指定された二〇一二年のゴールデンウィークと夏には「平城京天平祭」が開催されました（図20）。こうしたイベントには、さまざまな立場や思いを持つ方々が年々数多く参加するようになり、いろいろな工夫を展開しています。この春の天平祭は、大極殿地区をはじめとして東院庭園、朱雀門と全体で開かれました。夏は大極殿地区を中心として、光のイベントが行われました。この他にも、人々が賑わう、大小数多くの活動がさかんになっています。

このように、半世紀にわたる平城宮跡の整備の取組は、貴重な遺跡を保存するのみならず、現代社会において人々が集い、楽しむ場の展開として育まれてきました。それは、未来への新たな文化の創造ともいえます。

遺跡の保護は、たんに過去の顕彰のためのものではありません。私たちのよりよい将来のための取組です。遺跡の整備は、保存と活用とを

図20　平城京天平祭
平成9年に朱雀門が完成し、平成10年に平城宮跡が世界文化遺産に登録されたのを契機に、毎年春に「平城遷都祭」が開催されるようになり、平成22年の「平城遷都1300年祭」を経て、平成23年からは「平城京天平祭」が開催されている。平成24年には、春・夏・秋と3回開催された

調和させることで過去と現代をむすびつけるとともに、遺跡を継承していく文化を育んでいくことで現在と将来を豊かなかたちでむすびつけるものといえます。

奈文研では、そうしたことを踏まえつつ、遺跡を現在に活かし、未来に伝える遺跡整備の在り方を引き続き発展させていきたいと考えています。

参考文献

・坪井清足編『平城宮跡』文化庁・東京国立博物館・京都国立博物館・奈良国立博物館監修「日本の美術」第一一五号　昭和五〇年　至文堂
・文化庁文化財部記念物課監修『史跡等整備のてびき　―保存と活用のために―』平成一六年　同成社
・日本遺跡学会編「特集2　シンポジウムの記録『平城宮跡の公営公園化と奈良のまちづくり』」『遺跡学研究』第6号　四三―七一頁　平成二一年　日本遺跡学会
・粟野隆「平城宮跡整備構想史」『遺跡学研究』第7号　二三三―二四四頁　平成二二年　日本遺跡学会
・日本遺跡学会編「特集1　史跡におけるアニバーサリー・イベントの意義と在り方　平城遷都一三〇〇年祭を中心として」『遺跡学研究』第8号　一―四六頁　平成二三年　日本遺跡学会
・仲野浩編『日本の史跡　―保護の制度と行政―』平成一六年　名著刊行会
・奈良文化財研究所文化遺産部遺跡整備研究室編『遺跡内外の環境と景観　～遺跡整備と地域づくり～　―平成二一年度　遺跡整備・活用研究集会（第四回）報告書―』平成二二年　奈良文化財研究所

海外の遺跡をまもる
―国際協力としての文化遺産保護―

石村 智
企画調整部国際遺跡研究室研究員

いしむら・とも
一九七六年　兵庫県生まれ
二〇〇四年　京都大学大学院文学研究科博士後期課程単位取得退学
二〇〇四年　日本学術振興会特別研究員
二〇〇六年　奈良文化財研究所研究員
現在の専門分野は文化遺産保護の国際協力

奈良文化財研究所（以下、「奈文研」と略す）は、平城宮跡や藤原宮跡といった国内の遺跡の調査・研究だけでなく、海外の遺跡や文化財の調査も行ってきました。特に近年では、カンボジアやアフガニスタンといった国々で、内戦やテロによって荒廃した遺跡の保存を支援するという「国際協力としての文化遺産保護」の活動の役割が重要になってきています。ここでは、私たちがカンボジア・アフガニスタンで携わっている仕事を紹介し、「文化立国」としての日本が世界にはたしうる国際協力の一つのかたちについて、考えていただければと願っています。

なぜ、国際協力か

奈良の研究所なのに、なぜ海外の遺跡の話なのかと不思議に思う方もおられるかもしれませんが、奈文研は随分前から、海外の遺跡や文化遺産の調査・研究に携わってきました。これまでに主体的に携わってきた国際関連事業の国を**図1**にまとめています。それ以外にも個人の研究員がそれぞれ海外の諸機関と連携して研究を行っている事例もたくさんあります。

この国際関連事業は、内容としては、二つに大別することができます。一つは国際協力です。これは、たとえばカンボジアやアフガニスタンなど危機に瀕している文化遺産や、日本の技術や経験を必要としている国々に対して行われる事業です。もう一つは、国際共同研究です。奈文研本来の使命である日本の歴史と文化財をより深く理解するための調査・研究を海外で行うとともに、海外の関係機関との交流を通じて、奈文研の研究成果を世界に発信することを目的としています。現在、中国の三機関、韓国の国立文化財研究所と行っているものが中心的です。特に奈文研が主な研究対象とする飛鳥～奈良時代は、中国大陸や韓半島と非常に深いかかわりを持ち、多くの人々が渡来人として来日し、当時の最新の知識・技術を伝えました。たとえば、奈良時代の都、平城京は唐の長安城をお手本に造営されたことはよく知られています。ですから、日本の古代を理解するためには、それに大きな影響を与えた中国や韓国の遺跡や文化財を調査・研究することが欠かせません。そのために国際共同研究を進めています。

たとえば、中国社会科学院考古研究所とは漢魏洛陽城で共同で発掘調査を行っています。また、韓国の国立文化財研究所と人事交流を行っており、奈文研の研究者が韓国の発掘現場で発掘に参加したり、また一方で韓国の方が

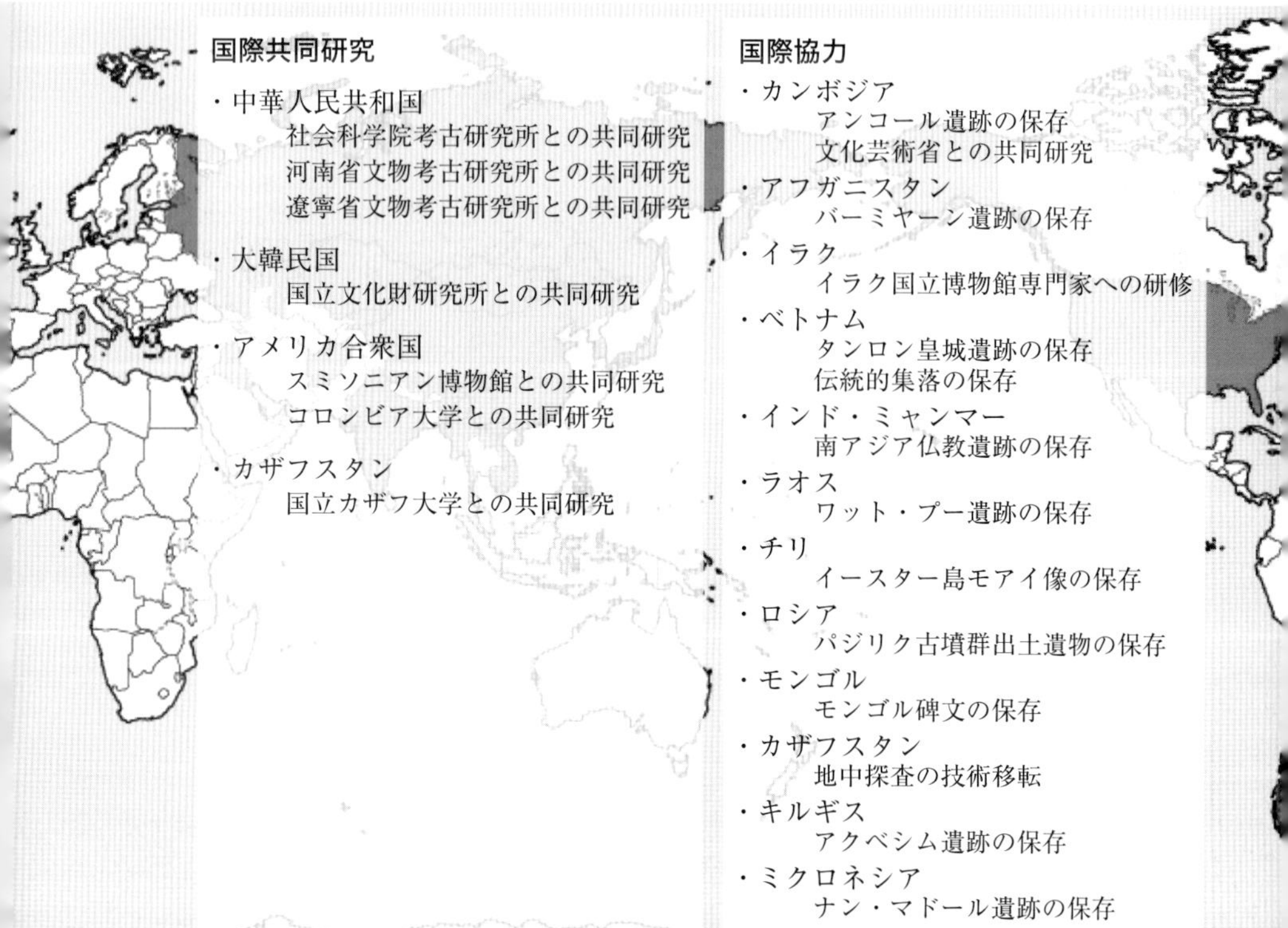

図1　奈文研が主体的に携わってきた国際関連事業（終了したものも含む）

平城宮跡・藤原宮跡にきて発掘を行ったりしています。これ以外に、現在、アメリカのコロンビア大学とも共同研究を行っております。それを通じて、奈文研の研究成果を英語圏の国にも情報発信しています。

なぜ文化財・文化遺産を守ることが国際協力となるのか

一方、カンボジアやアフガニスタンなどで行われている国際協力は、ちょっと内容が違います。**図2、3**に、アンコール遺跡と、タリバーン政権によって二〇〇一年三月に破壊されたアフガニスタンのバーミヤーン遺跡を示します。これらカンボジアとアフガニスタンの二つの遺跡にはある共通点があります。

一つは、内戦や戦争によって荒廃し危機に瀕していたことです。もう一つは、両者はユネスコ世界遺産に登録されている文化遺産ですが、普通のユネスコ世界遺産と違い、内戦が終わるまでユネスコ世界遺産に登録されていなかった物件だということです。長年にわたる内戦が終わり、遺跡が荒廃し危機に瀕していることからユネスコ世界遺産に登録され、同時に危機遺産にも登録されました。これらは、国際社会が協力して守っていかなければならない遺産です。

ではなぜ、文化財や文化遺産を守ることが国際協力となるのでしょうか。ユネスコ世界遺産は、ユネスコの理念に基づいているので、『ユネスコ憲章』の前文の一部を紹介します。有名な文章で

図2　カンボジア・アンコール遺跡

すのでご存じかもしれませんが、「戦争は人の心の中で生まれるものであるから、人の心の中に平和のとりでを築かなければならない」と。この後にいくつか続きますが、二つセンテンスを抜きだします。

一つは、「相互の風習と生活を知らないことは、人類の歴史を通じて世界の諸人民の間に疑惑と不信をおこした共通の原因であり、この疑惑と不信のために、諸人民の不一致があまりにもしばしば戦争となった」。世界のいろいろな国や地域に住んでいる人たちは、さまざまな文化を持っていて、考え方が違います。その考え方の違いが、しばしば戦争の原因になったということです。

もう一つは、「文化の広い普及と正義・自由・平和のための人類の教育とは、人間の尊厳に欠くことのできないものであり、且つすべての国民が相互の援助及び相互の関心の精神をもって果たさなければならない神聖な義務である」です。これは、国や地域によって考え方が違うことを理解する、それを教

図3　アフガニスタン・バーミヤーン遺跡

育によって広めていくことが大事であることを示しています。

今日においても、国と国の間に争いや不信の絶えることはなく、それはわが国を取り巻く状況であっても例外ではありません。このような問題の解決にあたって、しばしば話し合うことが大事だといわれます。しかしこの言葉は、半分はあたっていて、半分は間違っていると私は思います。なぜなら、「話せばわかる」という言葉のなかに、相手も自分と同じように考えているという前提があるとしたら、それが大きな間違いのもとになります。相手は、それぞれ自分たちの文化、歴史に基づいて自分たちの判断をしています。それに対して、私たちが自分が思っている考えを「話せばわかる」と思って話しかけても、相手は違う考え方をするかもしれません。違う反応が返ってきたとき、自分はこれだけ誠意を持って正論で話しているのに、なぜ理解できないのだというところから、しばしば多くの誤解が生まれるような気がします。これを避けるためには、相手が違う考え方を持ってこちらに向かってきているということ、つまり「違い」を理解することが重要です。

話がややそれましたが、違う国の文化財、文化遺産を守ることがたいせつな理由は、違う文化があり、その違いを知ることにつながるからです。それがひいては平和構築につながっていきます。その意味で、文化遺産の国際協力は、安全保障の一分野であるといっても過言ではありません。こういうことをいうと、「本当かな」と皆さんは思われるかもしれませんが、このあとに紹介するカンボジアとアフガニスタンの事例を、そのようなことを念頭においてみていただければと思います。

わが国による海外の文化遺産を守る取組

日本による文化遺産保護の国際協力のなかで、アンコール遺跡とバーミヤーン遺跡は象徴的な意味を持ちます（図2、3）。まずカンボジアの内戦が集結して平和が戻った翌年の一九九二年、アンコール遺跡が危機遺産に登録されるなかで、わが国がユネスコに供出している日本ユネスコ信託基金を使って、アンコール遺跡の保存に大々的に取り組むようになります。日本ユネスコ信託基金自体は一九九〇年代以前からありましたが、この取組が非常に大規模で、日本による海外の文化遺産保護の一つの流れをつくったといえます。

もう一つ大きなことは、タリバーンによるバーミヤーン遺跡の破壊です。破壊される以前に、タリバーンが破壊を計画しているという情報がユネスコを通じて世界に回っていました。そのなかで、平山郁夫先生などが国連、ユネスコを通じてさまざまなメッセージを発し、大仏を破壊しないように説得を続けましたが、結局破壊されてしまいました。引き続いてイラク戦争が起こり、多くの文化遺産が失われました。そのような状況をみて、平山先生は各方面に呼びかけ、日本として海外の文化遺産を守る枠組みを構築する必要性を訴えられました。

それを受け、二〇〇六年に「海外の文化遺産の保護に係る国際的な協力の推進に関する法律」が、議員立法として成立しました。この法律の制定を受けて、東京文化財研究所のなかに文化遺産国際協力センターが発足します。ここが海外の文化遺産保護に関する一つのセンターとしての役割をはたすようになりますが、奈文研の私がいる国際遺跡研究室も、このセンターの分室という扱いになっています。私を含め奈文研の多くのスタッフが、この協力センターに併任として所属し参画しています。

同時に、文化遺産国際協力コンソーシアムという、大学や文化庁、外務省、ＪＩＣＡ、さまざまな民間機関を含めて文化遺産保護のネットワークを構築する事務局も発足しました。この初代会長は平山郁夫先生でしたが、二〇〇九年にお亡くなりになったため二代目会長を継がれているのが元上智大学学長の石澤良昭先生です。上智大学は一九八〇年代からアンコール遺跡の保存に取り組んできた先駆け的な存在です。その意味でもアンコール遺跡は重要な遺跡であるといえます。

カンボジア・アンコール遺跡の保存への協力

カンボジアは一九七〇年から長年にわたる内戦に苦しんできました。一九九一年に内戦が終結しましたが、今でもポルポトの関係者がおり裁判が行われているところです。この内戦によって国土が荒廃し、アンコール遺跡をはじめとするさまざまな文化遺産も多大な被害を受けました。特に、一九七五年から三年ほどの悪名高いポルポト政権下では二〇〇万人以上、国民の三人に一人が虐殺されたといわれています。特に、知識階級や都市に住んでいる人たちが粛清の対象になり、遺跡を守るべき考古学者や遺跡管理官の多くは殺されるか、国外に逃亡しました。こうした大人たちだけでなく、幼い子どもですら粛清の対象になりました。子どもたちがなにかをしたという問題ではなく、その親が、たとえば教師であったとか、プノンペンの都市に住んでいたといった理由だけで殺された時代なのです。

その長きにわたる内戦の終結にあたって、日本が大きなプレゼンスをもって主導したことはご記

◀図4　中華人民共和国による
チャウ・サイ・テボダ遺跡の修復事業

憶にあるかと思います。まず、一九九二年に東京において「アンコール遺跡救済国際会議」が開催され、国際社会が協力してこの遺跡の保護に取り組んでいくことが決められました。翌年にはアンコール遺跡はユネスコ世界遺産に登録されました。アンコール遺跡は非常に広い遺跡で、一つの遺跡ではありません。アンコール・ワットという一番有名な寺院以外にも、バイヨンという巨大な寺院など大小一〇〇を超える寺院があります。それらを各国が分担して守っていくことになりました。日本、フランス、アメリカ、ドイツ、イタリア、スイス、インド、中国、まだまだたくさんありますが、それぞれの国がアンコール遺跡の保存事業に参加し、あたかも修復オリンピックの様相を呈しました。

ちなみに、**図4**で示したチャウ・サイ・テボタ遺跡を修復したのは中国です。中国というと、一昔前は援助の対象国でしたが、今や外国への援助をするドナー側になっているという事例です。

日本からは、一九八〇年代の内戦のさなかから事業をはじめていた上智大学アンコール遺跡国際調査団と、日本国政府によるアンコール遺跡救済チーム（JASA）、それと私たち奈文研の三チームが保護活動に従事しています。一つの国で三チームが活動していることは、ほかではないくらい活発に活動していることを表しています。

奈文研によるアンコール遺跡群の保存事業

　奈文研は一九九三年という早い段階から活動を開始し、もうすぐ二〇年の節目を迎えようとしています。当初は、文化庁の事業を委託されるかたちで、上智大学チームと協力してバンテアイ・クデイ遺跡の保存事業に参画しましたが、陶器を焼くタニ窯跡遺跡が発見されたことを契機に、一九九七年からは奈文研が単独事業として活動するようになっています。タニ窯跡遺跡は盗掘によって明らかにされた遺跡です（**図5**）。盗掘による破壊がそれ以上進まないように遺跡を発掘して整備する事業を開始し、二〇〇九年には現地にアンコール・タニ窯跡博物館を開館しています。

　それと前後する二〇〇一年度より、現在携わっている西トップ遺跡の調査研究がはじまり、今年から本格的な修復事業を開始していきます。西トップ遺跡は、アンコール遺跡のうちアンコール・トムと呼ばれる都城遺跡のなかにある石造寺院の一つで、九世紀ころに建造され、その後いくたびかの改築を経て、一六～一七世紀ころまで存続したと推定されています。しかし調査を続けるうち、遺跡自体がかなり不安定な状態になっていることが次第に明らかになってきました。**図6左**

図5　タニ窯跡遺跡の発掘調査（右）と、アンコール・タニ窯跡博物館の開館式（上）

上に調査前の遺跡の様相を示しますが、建物の上に大きな木が生えています。「天空の城ラピュタ」のような状況です。強い風が吹いて木が揺れるたびに建物自体がぐらぐらする非常に不安定な状態であったことから、カンボジア当局が木を切ってしまいました。しかし、木を切った後に残った木の根が腐って、二〇〇八年には中央祠堂の一部石材が崩落しはじめました。**図6右上**をみるかぎり、ぼろぼろであることがわかると思います。

事業開始以前の遺跡の様相（2001年頃）（口絵カラー参照）

中央祠堂一部崩落後の様子（2008年）

鉄製足場による応急処置（2008年）

崩落した石材の回収（2008年）

図6　西トップ遺跡の様子

真ん中の塔の横にある二つの小さな塔も大きく傾いています。崩れた部材を回収しているのが**図6右下**です。危険な状態ですので、鉄製の足場で囲って応急処置を施しています（**図6左下**）。

西トップ遺跡では、当初は、遺跡の調査研究をカンボジア側の研究者や若手専門家などと一緒に進めながら技術移転、人材育成をするという一種のトレーニングサイトとして位置づけていました。しかし、遺跡自体が不安定になっており、そのまま放置しておくと崩壊することは明らかで、本格的な修復が必要になりました。一口に修復といっても、クレーンを使ったり、機材の面でも資金の面でも大変です。そのとき、修復に協力してくれる民間企業がありました。クレーン会社の（株）タダノが修復に必要な機材を提供してくれることになったのです（**図7**）。また、私たちが日ごろ接する日本の文化財には木造建造物が多く、石造建造物の修復の経験が必ずしも多くはなかったのですが、その方面については石造建造物の修復のエキスパートである左野勝司さんが協力してくれました。

（株）タダノと左野さんとは、私たち奈文研は古いつきあいがあります。最初はイースター島でモアイ像を修復するプロジェクトで一緒になり、その後、高松塚古墳の石室を解体するという非常にデリケートな作業をこの三者で行いました。その三者が再びスクラムを組んで西トップ遺跡の修復に携わりました。

本格的な修復に向けて

ただし、本格的な修復に向けてはいくつか解決しなければならない課題があります。崩れかけて建物自体が傾いているので、基礎からやり直さなければなりませんでした。そのためには、いったん建物をクレーンで解体し、基礎を強化した後、積み直すことになります。ただし、これは文化財ですので、積み直すにしても元あった石は同じ場所に戻さなければなりません。なかには割れて使い物にならない石があったり、強度が不足する部分はあります。しかし、コンクリートや鉄筋など新しい素材を使用するのではなく、できるだけオリジナルの石材と工法にしたがって行う必要があります。たとえば、石が割れていたらそれを捨てるのではなく、なんとかくっつけて使うことが求められます。

　そこで、いきなり修復をはじめるのではなく、遺跡の現状をできるだけ正確に記録することにしました。極端な話、建物を構

図7　民間との協力

(株) タダノからクレーンなどの修復機材の寄付を受ける (2008年)

モアイ像修復や高松塚古墳石室解体で指揮をとった左野勝司氏 (石工・奈文研特別顧問)

奈文研チームによって修復されたアフ・トンガリキ遺跡 (イースター島) (下) と、高松塚古墳の石室解体 (左)

成している石の一個一個をすべて記録していきます。奈文研の考古学、建築学、保存科学のエキスパートが協力しながら解体前の遺跡の状態を記録・評価するための必要なデータを収集するのにおよそ三年かけました。**図8下**は、石材のサンプリングをチェックし、石が風化によってどの程度傷むかを調べている様子です。二〇一一年にその成果を報告書としてまとめています。

それを受けて、本格的な修復を二〇一二年三月から開始しました（**図9**）。石を一個一個丁寧に解体していき、その形状、位置を台帳に記録するという気の遠くなる作業です。解体した建物は別の場所に移し、仮組みをしておきます。このとき、遺跡の周囲に散乱していた石材もあわせて調査して、仮組みの段階で元の建物に戻せる石であれば可能なかぎり戻すようにしました。できるだけ本来の姿に近づけていくという作業です。

この作業を現地で携わっている現地チームは一六名です。現地駐在の奈文研スタッフの一名と、カンボジアの奈文研スタッフが三名、カンボジアの現地機関から施工管理者が一名、クレーン運

遺跡の現状を詳細に記録する

石材のサンプルを用いて風化の実験を行う

図8　本格的な修復に向けた調査

転手一名と石工五名、作業員五名という構成です。このうち日本人は現地駐在の女性研究員です。このメンバーに加えて奈文研のスタッフが考古学チーム、建築学チーム、保存科学チームとして短期ですが交代で行ったり来たりしながら現地で修復を進めていく態勢になっています。

これがカンボジア人主体のチームであることに注目してください。私たちの事業には、カンボジア人自身の手によって将来的・持続的に遺跡を守っていくことができるようにするという人材育成の面もあります。もちろん、日本人だけでチームを構成して遺跡を修復することも可能であり、効率的であるかもしれません。しかしそれでは、現地のカンボジア人にノウハウを伝える機会がなくなってしまいます。できるだけカンボジア人の主体によって、カンボジア人たちが次にどうしたらよいかを考えながら進めていくチームをつくっていくことが、持続的にこの仕事をしていくのに欠かせません。

クレーンにより石材を一つひとつ解体する

解体した石材は一つひとつ台帳に記録される

解体した建物を、いったん別の場所で仮組みしておく

図9　本格的な修復の開始

バーミヤーン・アフガニスタン遺跡の保存への協力

バーミヤーンは、かつてシルクロードの中継地として栄え、唐の玄奘（三蔵法師）がインドに向かう道中で立ち寄った地でもあります。そのバーミヤーン遺跡は七世紀ころに繁栄した仏教遺跡で、岩山の崖に巨大な大仏を彫り込んだ後、その表面に粘土で張りつけて、高さ五五メートルと三三メートルの二つの大仏の姿をつくっています。これがタリバーン政権によって、非イスラム的な偶像であるということで二〇〇一年三月に爆破されました。

国際社会がこの破壊を止められなかったのは大きな失敗でした。

これに至るまでには長い歴史があります。アフガニスタンにはかつては年間一万人以上の日本人が訪れたといい、天皇・皇后両陛下もご即位前の皇太子時代（一九七一年）にこの地をご訪問されています。しかし、一九七九年にソビエト連邦が侵略し、一〇年後の一九八九年にソ連軍は撤退しますが、その後、内戦状態になります。そして、一九九〇年代後半になるとタリバーンの勢力が台頭し、国土の大部分を実効支配しました。そのなかで遺跡を守る考古学者も殺されるか、国外に亡命して、遺跡は放置されました。そして、タリバーン政権は、二〇〇一年三月に「非イスラム的な偶像を破壊する」との題目のもと、バーミヤーン遺跡の大仏を爆破・破壊しました。

疲弊した国を復活させるには、文化を復興させることも大きな位置づけがなされています。「歴史がなくならない限り国はなくならない」という有名な言葉があります。アフガニスタンの復興のなかで文化復興は大きな位置づけを与えられています。そのなかで、アンコール遺跡と同様、危機遺産に登録された後、日本ユネスコ信託基金によってバーミヤーン遺跡の保存事業が開始されました。主に携わっているのは日本、イタリア、ドイツの三国です。これは偶然にも先の大戦の敗戦国ですが、一方で別の意味も持っています。すなわち、アフガニスタンに爆弾を落とさなかった国です。日本からは、東京文化財研究所と奈文研が共同で事業に携わっています。主な事業は、大仏がくりぬかれた崖にたくさんある石窟仏教寺院の内部を飾っていた壁画の保存修復とその技術の移転、さらには考古遺跡の調査と調査技術の移転が大きな柱です。

バーミヤーン遺跡での保存活動

まず、壁画です。**図10左**が壁画の様子で、ぼろぼろになって剥がれかかっています。タリバーンが意図的に破壊したものも多いのですが、それ以外にも、内戦時代にも壁画が意図的に切り離され、ブラックマーケットに流れました。一九七〇年代に名古屋大学や京都大学が調査したころと比較すると八割以上は失われているといわれています。それら壊れかかった壁画の剥落を食い止め、応急的な保存処置をすることが目的です。**図10右上**は、剥がれかかった壁画を落ちないように留めている様子で、作業者の背後には石窟の外の風景がみえていますが、命綱をつけて、半分ぶら下がりながら作業しています。壁画は石窟の天井の高い所にあるので、こうしたアクロバティックな姿勢での作業を余儀なくされました。ちなみに、この作業をしている一人は奈文研の研究員です。彼は新婚で、ちょうどこのとき奥さんが出産して第一子が生まれました。かわいそうなことに、彼は第一子の生まれるところに立ち会えませんでした。

もう一つは考古遺跡の調査です。バーミヤーン遺跡は大仏や仏教石窟のように外にみえる遺跡だけではありません。地面に埋もれている遺跡も多くあります。ストゥーパ（仏塔）や宮殿跡などです。**図11**の土盛りみたいなのはストゥーパが崩れた残骸です。そこを発掘しています。こういった遺跡を発掘するのは、バーミヤーン遺跡の歴史的な重要性を解明するだけではありません。内戦後、バーミヤーンでは難民として散り散りになっていた人々がまた戻ってきており、新たな開発の波が押し寄せてきています。ハイウェイを建設したり、住宅地などを建設したりしています。バーミヤーン遺跡が観光地になると、さらに開発が進むと思いますが、そのなかで考古遺跡も開発の危機にさらされています。それを守るためには、事前にどのような遺跡が、どこに分布しているか遺跡地図をつくる必要があります。そのような基礎的な作業にも取り組んでいます。これも現地のアフガン人の専門家と一緒にやりながら技術移転も行っています。

図10　バーミヤーン遺跡仏教石窟壁画の保存
（左図：口絵カラー参照）

アフガニスタンにおける考古学者育成

ただし、この考古遺跡の発掘はまとまった期間現地に滞在する必要がありま す。一か月、二か月とかです。現在、アフガニスタンの治安状況はあまりよく ありません。現地での本格的な考古遺跡の調査は二〇〇八年以降止まっていま す。それを補うためアフガニスタンの考古学に携わる若手の専門家を日本に呼 んで、平城宮跡や藤原宮跡といった私たちの発掘現場でトレーニングしていま す。研修期間はトータルで半年ほどで、そのうち半分は東京で研修を受け、あ との半分は奈良で研修を受けるようにしています。奈文研での研修の内容は、 基本的な遺跡の発掘のやり方や、出土した遺構を測量したり、実測して記録を とるという方法、さらには出土した遺物を実測したり分析するという、考古学 の基本的な技術の習得です。

図12に平城宮跡で層位を実測している様子（左）と水落遺跡で石敷きをク リーニングしている様子（右）を示します。日本人である奈文研の研究員と、 アフガン人研修生が一緒になって現場をやっています。研修といっても、上か らの視点で「教えてやる」ということではなく、一緒に現場で汗を流すという ことが大事だと思います。

私もこういった研修を担当してきましたが、毎年、二、三か月の長期にわ たって研修をするのは大変で、苦労する問題もあります。一つは食事です。彼

図11　バーミヤーン遺跡における考古遺跡の調査

らはイスラム教徒なので豚肉が食べられません。もっと大変なのはアルコールです。現場が終わって疲れた、じゃあビールでも飲もうかというのが日本人の発想ですが、それができません。また、言葉の問題もあります。彼らはペルシャ語を話しますが、私はペルシャ語がほとんどできません。ですので主に英語で会話することになります。しかしどちらも母国語ではないので意思疎通も容易ではありません。

遺跡の性質も違います。日本の遺跡の多くは木造建築の遺構ですが、アフガニスタンでは主に泥煉瓦の建物です。出土するものも違うので、最初は彼らも日本の発掘現場に戸惑いがあったみたいです。

考古学に対する考え方の違いもあります。アフガニスタンでは考古学者は自分でスコップやツルハシを持たないようです。ツルハシを持つのは作業員で、自分たちはそれを監督していればいいという意識があるようです。私たち日本人は、考古学者自身がスコップやツルハシを持って、汗をかきながら発掘することが遺跡を一番よく知る方法だと思うわけです。そのことを理解してもらうのが大変でした。一緒になってやっていくことで、彼らもそれが重要であることを理解していきました。

最初、彼らは豚などが食べられないから自分たちで自炊して食事を

図12　奈文研におけるアフガン人専門家への研修

用意していましたが、やはり食生活も満足ではなかったようで、時にはぐったりした様子もみせましたが、最後のほうになると、日本で学んできた技術を自分たちの国に帰って役立てるのだという感じで生き生きした感じになります。非常によかったと思うところです。

アフガニスタンでは考古学者の育成は急務です。バーミヤーンだけではなく各地で、復興に伴ってさまざまな開発が行われ、多くの遺跡が危機に瀕しています。たとえば、ロガール州のメス・アイナク遺跡（紀元一～七世紀のクシャン朝の仏教遺跡）は、中国企業による銅鉱山の開発により遺跡の破壊が進んでいます。それに対して、アフガニスタンの考古学者はそれを追いかけるように、まさにブルドーザーの前で緊急発掘を行っています。多くの考古学者を育成して開発に備えることが重要になっています。この遺跡の発掘では、奈文研で研修を受けた多くの若手考古学者も参加しています。

おわりに……奈文研らしい国際協力とは

奈文研は、日本において文化財の調査研究のナショナル・センターとしての役割をはたしてきました。六〇年間にわたって養ってきた地力が外国にでていったときも重要です。特に考古学は、発掘手法、分析手法は、ある種世界共通なところがあります。日本で養ってきた地力を十分応用できます。同時に、国内に向けては埋蔵文化財研修、国外に向けてはユネスコ・アジア文化センターが実施する文化遺産研修への協力などを通じて、国内外の文化財専門家を育成する役割をはたしてきました。それらの経験も役に立っています。

奈文研らしい国際協力として、あえて三つあげます。第一は、協力相手国の文化財・文化遺産を尊重するということです。これが大前提です。けっして、自分たちの研究の都合や野心を優先して外国の文化遺産を扱うべきではありません。それをやると、外国の文化遺産に対するある意味での「搾取」となります。自分たちの興味のあるものしかやらないのではなく、相手が必要としていることに応えることが重要です。

第二は、そのなかで、奈文研が提供でき得るかぎりの新しい技術を提供する一方、遺跡を発掘する手法や分析手法については国際的に認められる水準のもの、世界でだしても恥ずかしくないものを提供することです。

第三は、いつの日かは奈文研もその国への協力から手を引かなければいけませんので、そのとき、相手国の人たち自身がその後も続けて事業をやっていけるように技術移転、人材育成をしていくことです。それによって、奈文研が培ってきた技術や経験を世界に伝えることができればよいと考えています。

写真で見る奈文研の六〇年史

奈文研六〇年の軌跡と展望

奈良文化財研究所

創立60周年

奈良地区庁舎

春日野庁舎
1953年～1980年

二条町庁舎
1980年～現在

平城宮跡発掘調査事務所
1960年設置

平城宮跡発掘調査部
1963年設置

現在の平城宮跡内庁舎群

奈良文化財研究所

創立60周年

飛鳥藤原地区

飛鳥藤原宮跡発掘調査室
1970年設置

飛鳥藤原宮跡発掘調査部
1973年設置

現在の飛鳥藤原地区庁舎
1988年～

飛鳥資料館開館
1975年

現在の飛鳥資料館

元興寺極楽坊板絵智光曼陀羅図　修理に伴い美術工芸研究室が超軟X線照射等の調査を行い、漆面に黄土を下塗りする技法を確認（1965年）

唐招提寺金堂内部　唐招提寺の総合調査で、美術工芸研究室は金堂内の諸像を調査した。中央は左本尊の薬師如来立像（1960年）

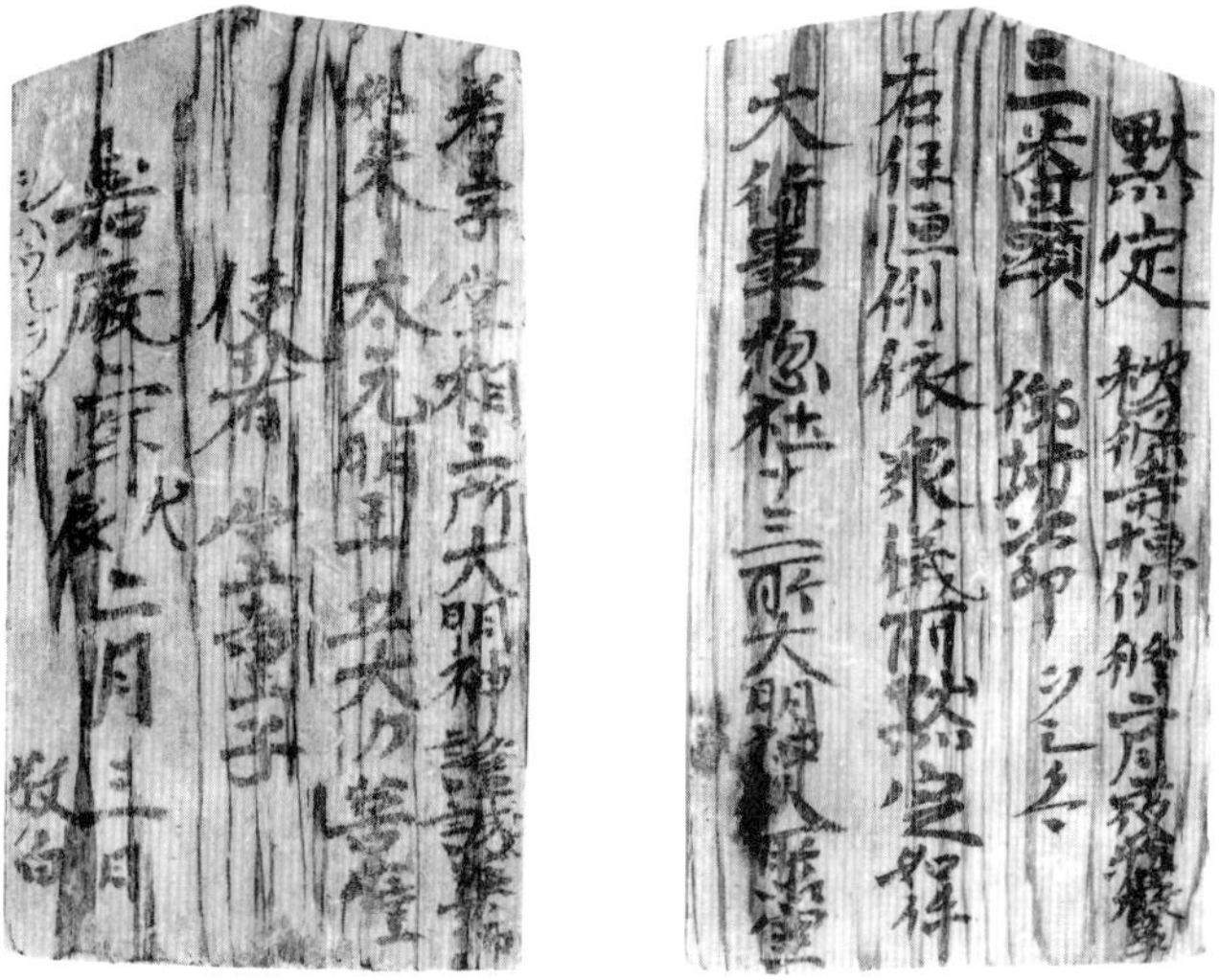

秋篠寺木札　秋篠寺の総合調査で発見。鎌倉～室町時代の秋篠寺や庶民信仰を知る貴重な資料となった（1964年）

東大寺転害門　古代建築の研究の一環として、実測・痕跡調査を実施。創建当初の姿とその後の変遷をほぼ解明した（1998年）

五條・新町の町並み　近世の伝統的な町並みが残る奈良県五條市の五條と新町の調査。その成果は重要伝統的建造物群選定に繋がった（2005年）

旧大乗院庭園　中世に遡る門跡寺院の庭園遺構。発掘調査成果をもとに江戸時代の姿をモデルとする整備が行われた（上は1958年頃、下は2011年）

平城宮第二次大極殿跡　地形の高まりをとどめていた奈良時代後半の大極殿跡は、発掘調査で全容が解明された（平城宮第113次調査、1978年）

復原された朱雀門　平城宮の正門・朱雀門は発掘調査成果をもとに、現存する古建築のデザインも参考にしながら復原された（2001年）

川原寺鉄釜鋳造土坑　飛鳥寺の寺域北限で発掘された鉄釜鋳造土坑。径約1ｍの坑が良好に残っていた（飛鳥藤原第119-5次調査、2003年）

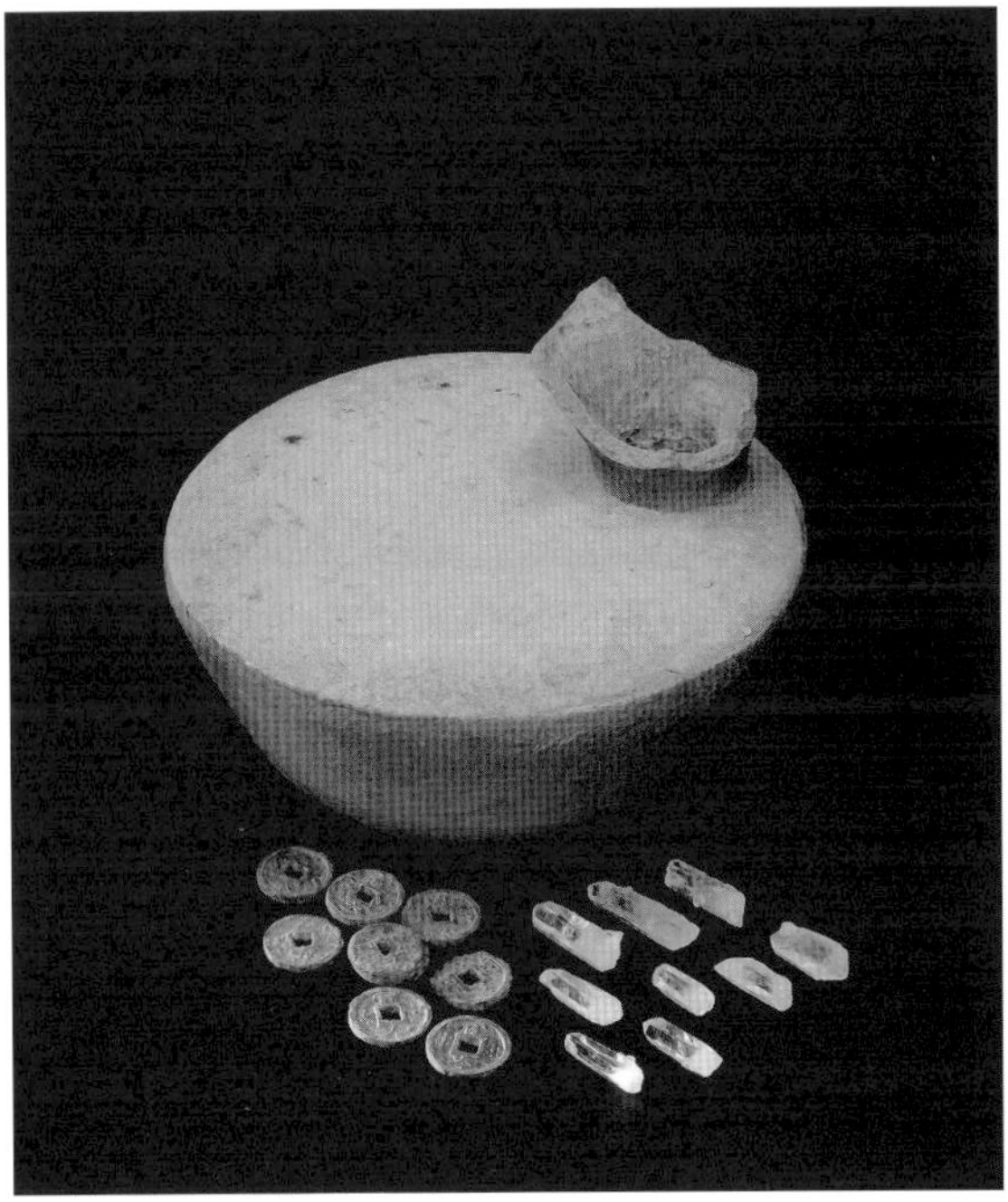

藤原宮大極殿院跡出土の地鎮具　藤原宮造営時の地鎮具。富本銭9枚と水晶原石9点が納められていた（飛鳥藤原第148次調査、2007年）

一乗谷朝倉氏遺跡の整備　16世紀の戦国大名の居館跡・一乗谷朝倉氏遺跡では、発掘調査から整備まで当研究所が関与した（1971年）

埋蔵文化財研修　埋蔵文化財担当者を対象に実施してきた各種研修は、昨年度より分野を広げニーズに対応している（遺跡整備保存課程、1999年）

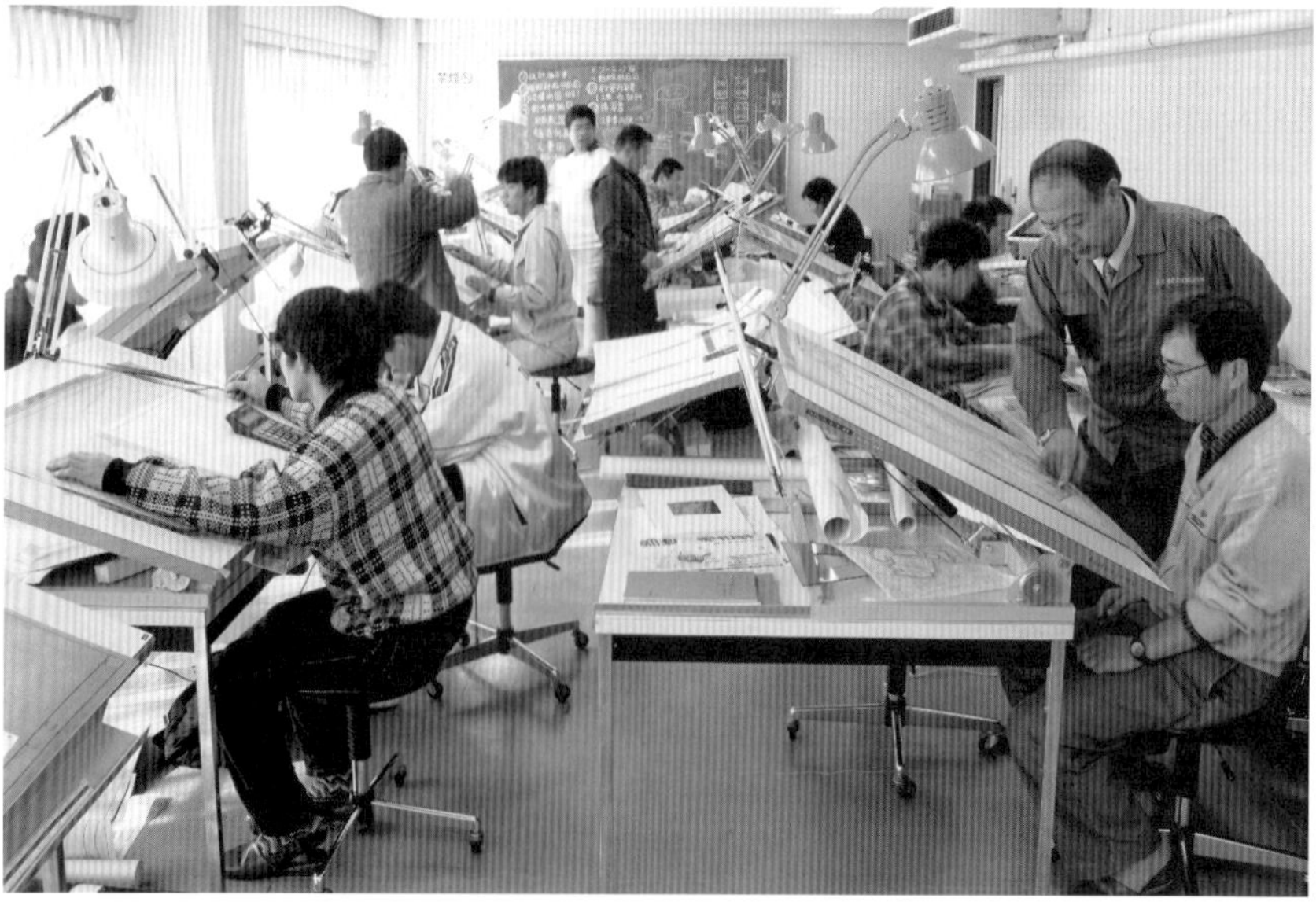

木製品の保存処理　発掘調査で出土する遺物の保存処理は、技術開発も含め最先端を担ってきた（2010年）

動物骨の種と部位の同定　発掘調査で出土する動物の骨の種と部位の同定は、往時の環境や生活実態に関する情報を提供する（2010年）

年輪の読み取り　当研究所が我が国における先鞭をつけた年輪年代学の研究は、現在も進化をつづけている（2009年）

三次元レーザー測量　機器の性能が目覚ましく向上したことより、以前に比べ迅速・かつ安価での精密な測量が可能となった（2011年）

写真測量　1960年代から取り組み、彫刻のほか遺跡の航空写真測量の手法を定着させた（平等院鳳凰堂阿弥陀如来坐像と1990年頃の解析図化風景）

高松塚古墳石室解体　高松塚古墳の壁画劣化に対応した石室解体で、研究所は各方面の協力を得つつ、その中核を担った（2007年）

キトラ古墳の出土物　キトラ古墳の壁画保存に関連する発掘調査では、人骨とともに当時の最高水準の金属製品が出土した（2004年）

四万十川流域の文化的景観　文化財の新たなジャンル「文化的景観」では、基礎的研究とともに実践的な調査も実施している（2008年）

文化財レスキュー事業　東日本大震災で被災した博物館・資料館等所蔵の文化財を救出、保存処理する取組みを懸命に進めている（2011年）

ベトナムの集落調査　東南アジアの伝統的集落保存事業に、建造物・集落調査や計画策定の分野で貢献している（カイベー村、2011年）

平城宮東院庭園　平城宮跡の東南隅で発掘された奈良時代の庭園遺構（写真上：1976年）と復原整備された庭園（写真下：2001年）

山田寺東面回廊　平安時代に倒壊したままの状態で発見された山田寺東面回廊（写真下：1982年）と、その復原模型（写真上：1997年）

水落遺跡　660年（斉明6）に中大兄皇子が作った漏刻（水時計）台跡（写真上：1981年）と、その復原模型（写真下：2001年）

飛鳥池遺跡　飛鳥寺東南の谷で発見された飛鳥時代の大規模工房跡。わが国最古の鋳造貨幣「富本銭」も生産（1998・99年）

調査前の古文書　古寺社には多くの古文書が、整理されていない状態で伝来している。写真は東大寺のもの（2008年）

古文書を並べる　古文書を取り出して確認し、番号を付ける。形も時代も様々。写真は興福寺のもの（2010年）

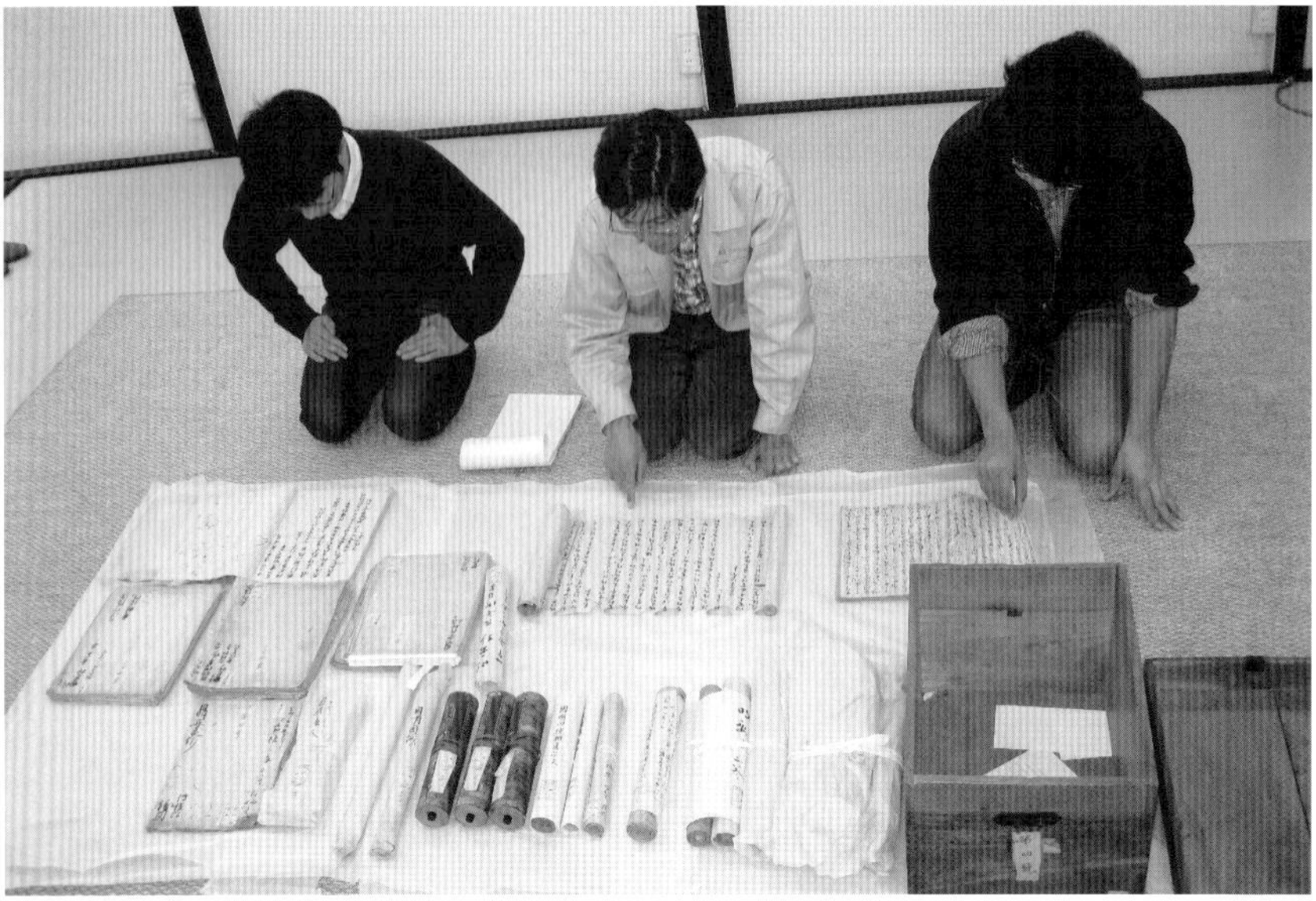

古文書の調書とり　古文書は１点ずつ調書をとり、写真撮影し、内容を検討する。写真は仁和寺のもの（2011年）

調査成果の出版　開けてあるのは、興福寺の古文書の目録。このような目録により、古文書の全貌が判明する（2012年）

電気探査　東大寺東塔基壇の電気探査。基壇の構造についての知見を得た (2010年)

ボラルダイ古墳群の探査　東京文化財研究所と共にユネスコ国際ワークショップにて中央アジア各国の研究者に探査技術を講習 (2011年)

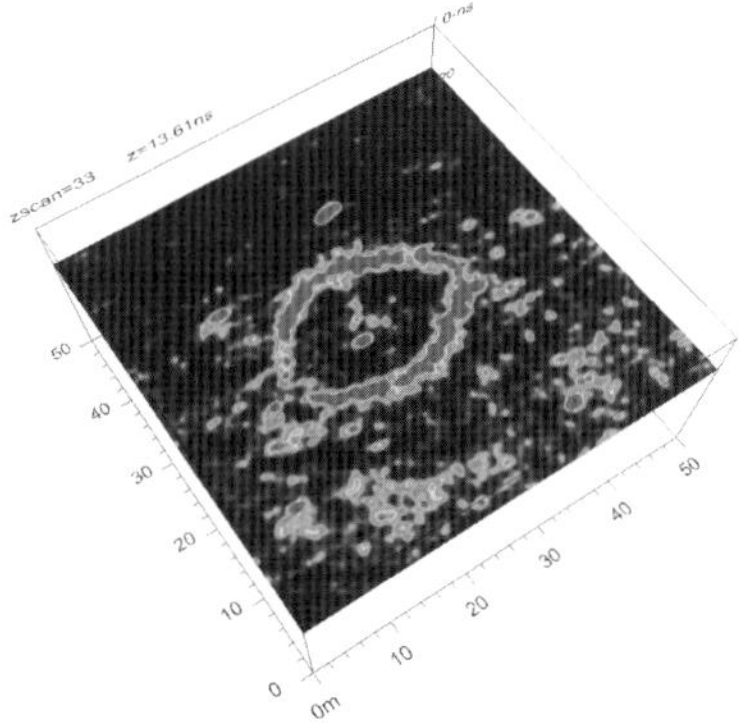

ボラルダイ11号墳成果　地中レーダー（写真上）、電気探査（同中）共に墳丘や木葉形の施設の形状などをとらえている（2011年）

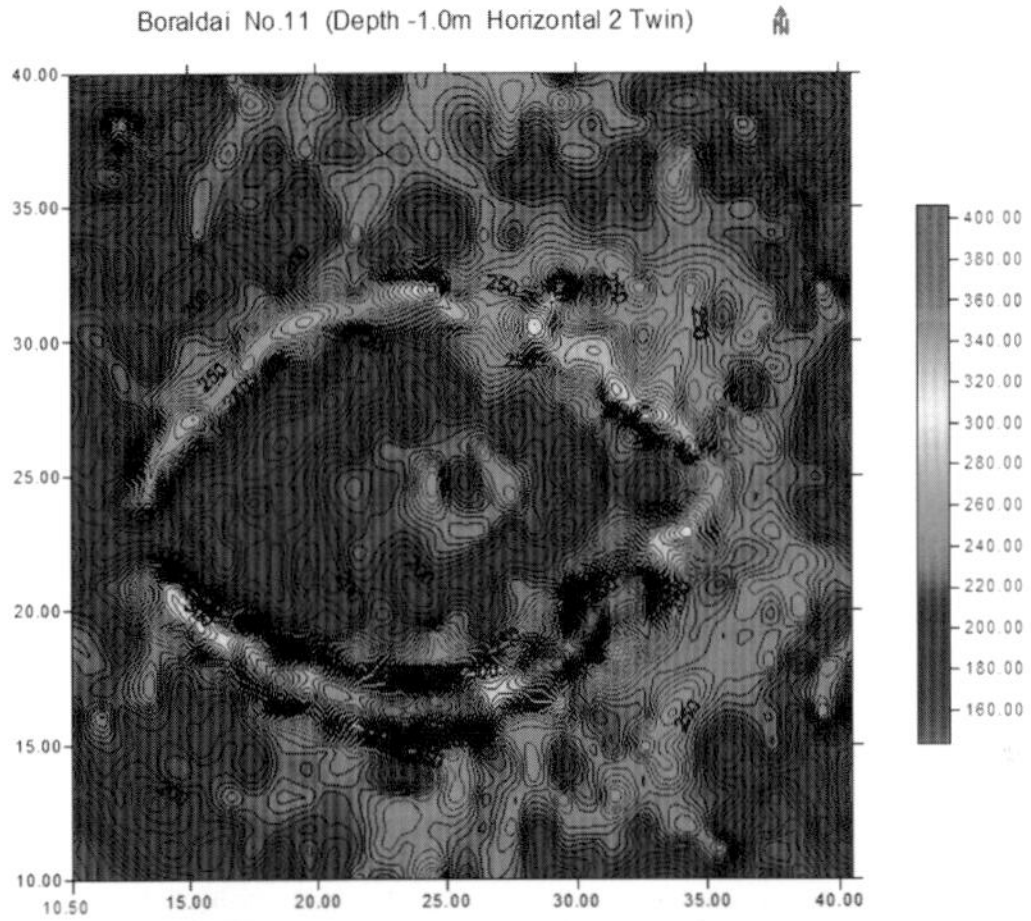

大宰府の地中レーダー探査
蔵司地区の探査。雪の中探査が続く（2011年）

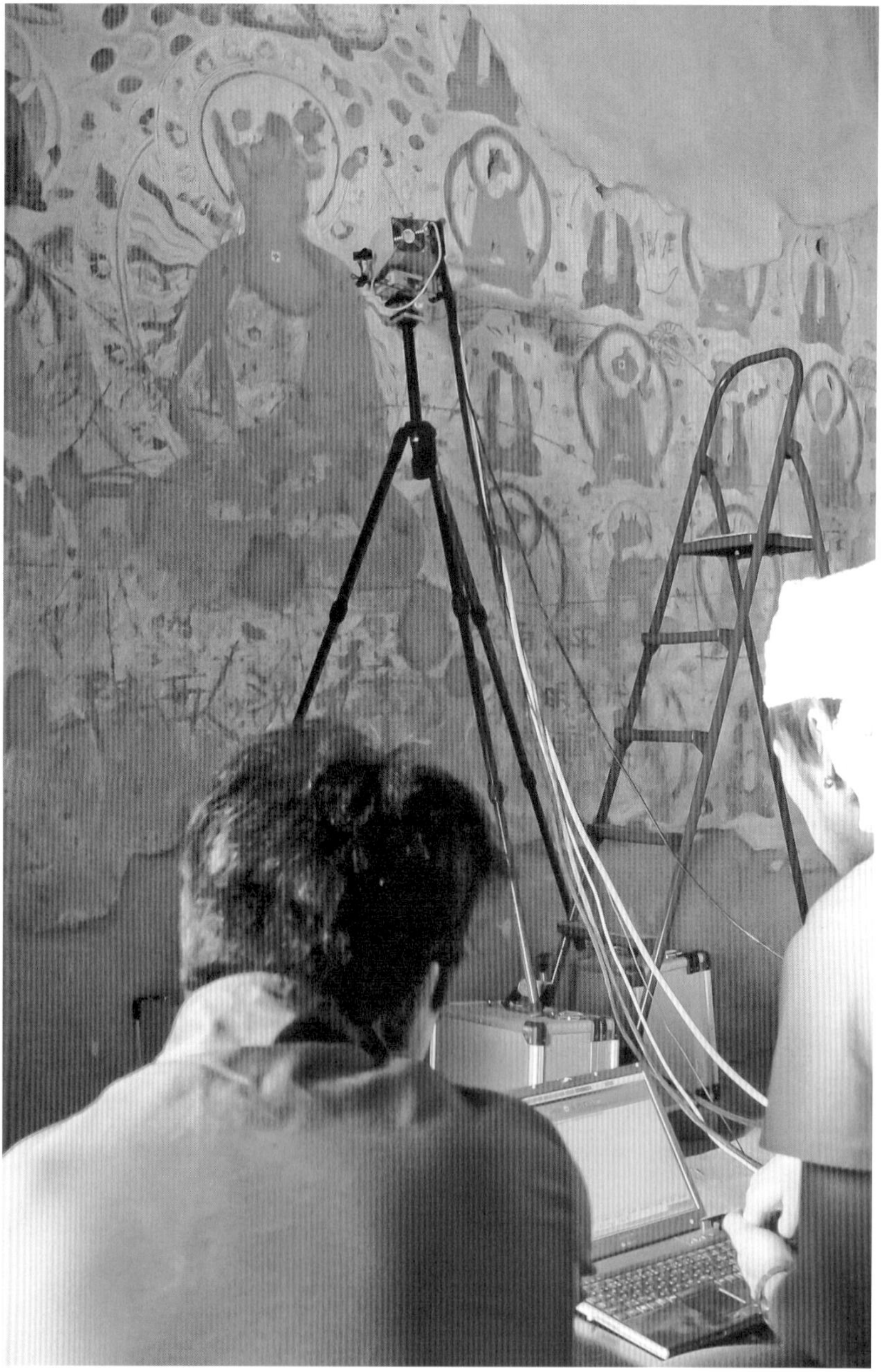

フィールド調査　遺跡現地における非破壊材料調査。写真は中国・新疆ウイグル自治区クムトラ千仏洞における壁画の顔料調査（2002年）

高松塚石室解体　高松塚古墳の壁画の劣化に対応した石室解体で、当研究所は各方面の協力を得つつ、その中核を担った（2007年）

文化財の非破壊調査　貴重な文化財の保存修復のために、非破壊法による材料調査法の開発と実用化をおこなっている（2012年）

東日本大震災被災資料のレスキュー活動　津波により水損した大量の古文書などの世界最大級の大型装置を用いた真空凍結乾燥処置（2011年）

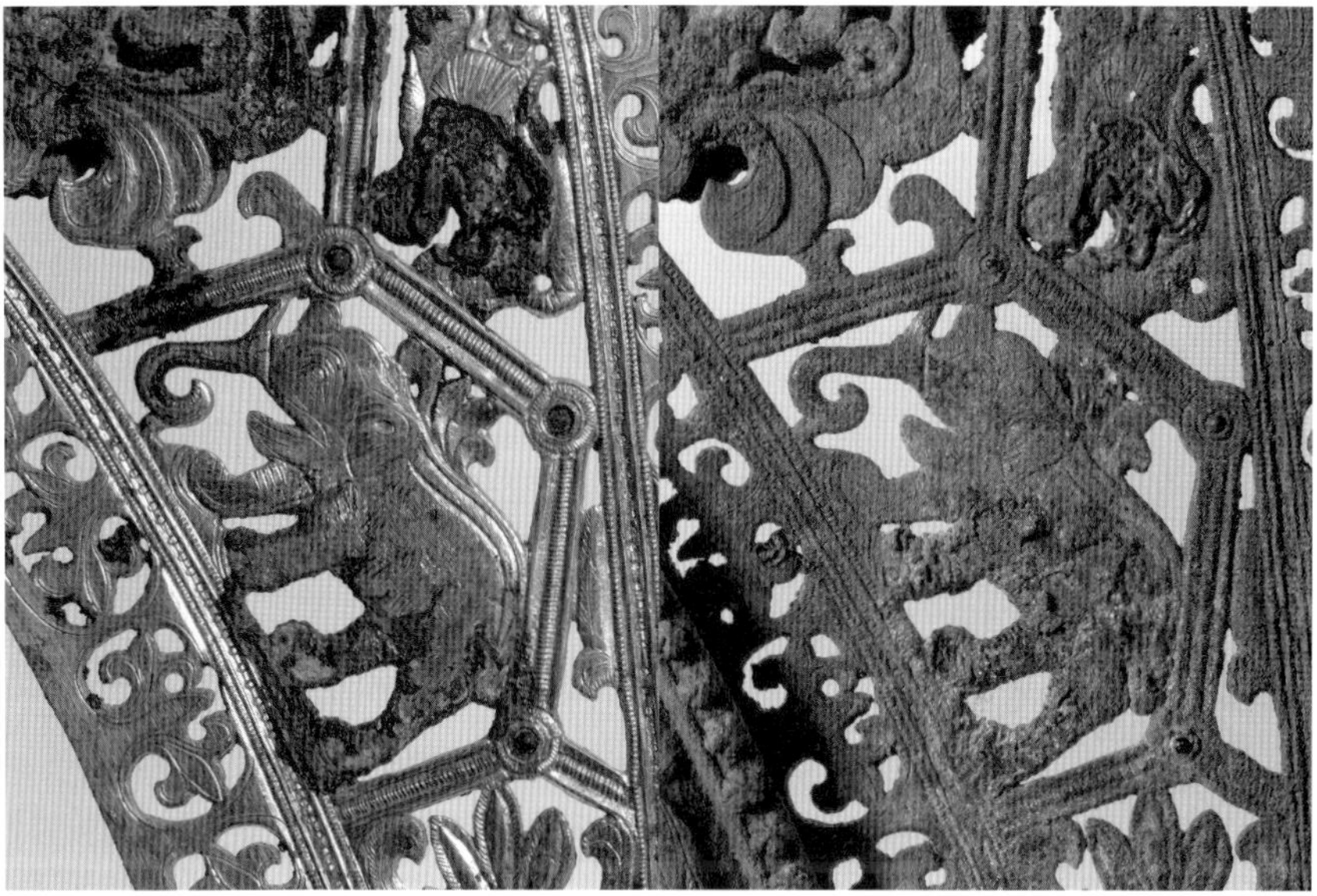

藤ノ木古墳出土金銅製品の保存処理　新たなクリーニング法を開発し、古代の金の輝きを取り戻した。（右：処理前、左：処理後、1990年）

特別史跡平城宮跡の全景　貴重な遺跡の内容と価値を伝えるために、様々な手法で整備が進められてきた（2010年）

遺構展示館　発掘調査によって見つかった奈良時代の役所の建物跡である遺構を発見当時の状態で保存・展示している（2011年）

第一次大極殿　2010年に完成した第一次大極殿は、夜はライトアップされ、平城宮跡で行われる様々なイベントに花を添える（2010年）　照明デザイン　（株）石井幹子デザイン事務所

平城宮宮内省　内裏外郭東方で発見された宮内省跡では、1973年に平城宮跡の中ではじめて建物跡の復原整備が行われた（1992年）

アフガニスタン・バーミヤーン遺跡　仏教石窟の中で、劣化が進んだ壁画に応急的な保存処理を施す（2006年）

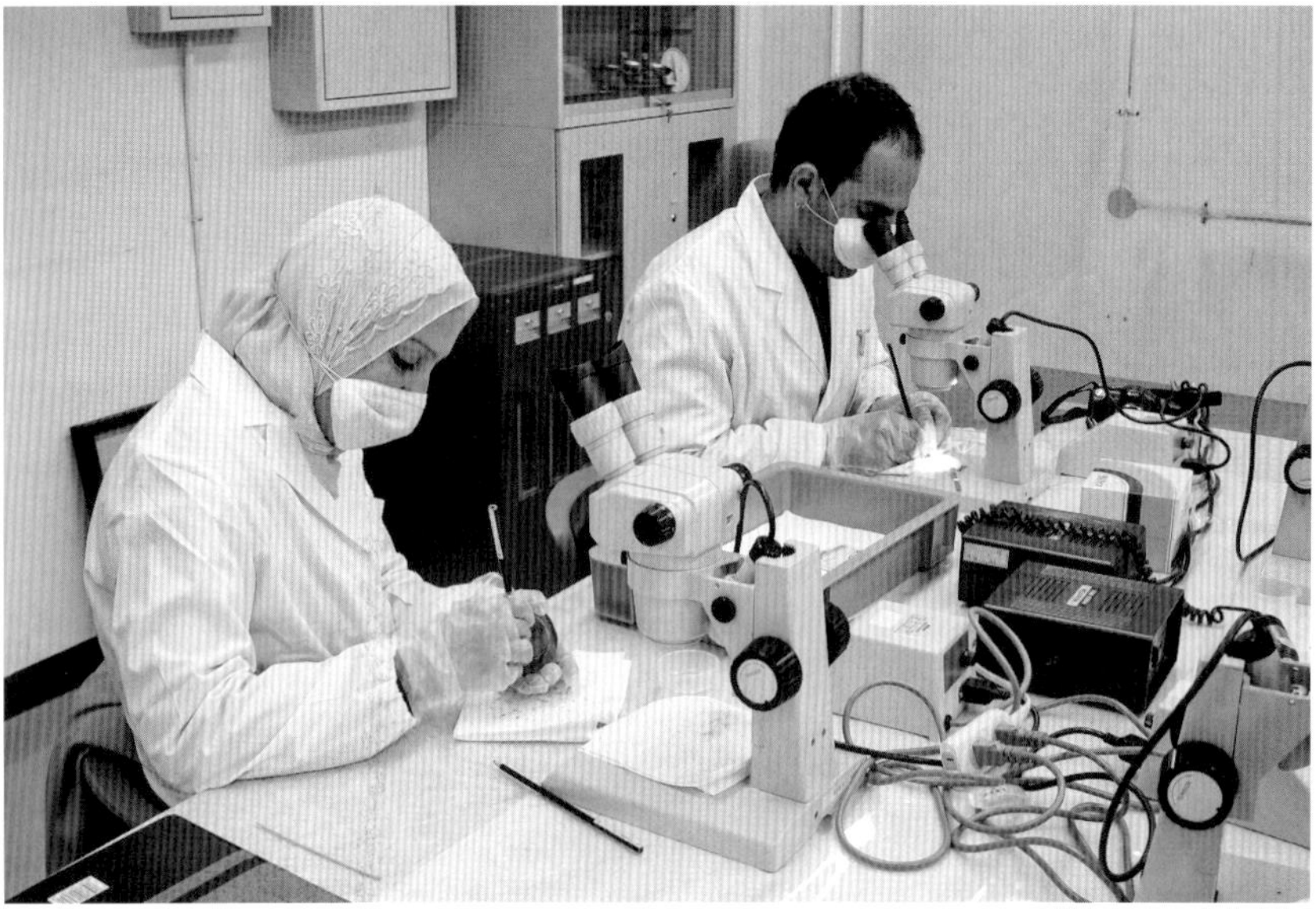

イラク人専門家への研修　イラク人の文化財専門家を日本に招へいし、奈文研にて保存科学の研修を実施（2005年）

カンボジアにおける発掘実習　カンボジア文化芸術省と協力し、若手専門家育成のための発掘実習を実施（2011年）

ベトナム・タンロン皇城遺跡の保存事業　発掘された宮殿遺構の分析のためのワークショップを実施（2011年）

アフガニスタン人専門家への研修　アフガン人専門家を日本に招聘し、平城宮跡の発掘現場で研修を実施（2008年）

奈良文化財研究所 創立60周年記念講演

遺跡をさぐり、しらべ、いかす
―奈文研60年の軌跡と展望―

平成25年9月30日　第1版発行

編　集　独立行政法人 国立文化財機構 奈良文化財研究所
発行者　松田國博
発行所　株式会社 クバプロ
〒102-0072
千代田区飯田橋3-11-15 UEDAビル6F
TEL：03-3238-1689　FAX：03-3238-1837
E-mail：kuba@kuba.jp
http://www.kuba.co.jp/

ISBN978-4-87805-131-9　C1021

平城遷都1300年記念講演会収録集

2010年に平城遷都1300年を記念して
開催された2つの講演会を収録

奈良文化財研究所 編

古代はいま
よみがえる平城京

なぜ、都は藤原京から平城京に遷されたのか。
大極殿はどのように復原されたか。
日本庭園の基礎はいつ、どのように成立したか。
平城京に働いていた人々はどんな生活をしていたか。
1000年前の平城京の実像が、日々、明かされ、
ここによみがえる。

A5版・240頁
2011年12月 発
定価：2,310 円
クバプロ発行

平城宮跡のむかしと今
奈良文化財研究所長　田辺 征夫

古代遷都の真実 飛鳥宮・藤原京・平城京の謎を解き明か
奈良文化財研究所副所長　井上 和人

日本庭園のはじまり
文化遺産部長　小野 健吉

木簡が語る平城京の時代
都城発掘調査部主任研究員　馬場　基

銅鐸、花器として生きる
企画調整部長　難波 洋三

大極殿復原
文化遺産部建造物研究室長　島田 敏男

古代人の肉食の忌避という虚構
埋蔵文化財センター　松井　章

くれないはうつろうものぞ
都城発掘調査部長　深澤 芳樹

古代史研究と奈良文化財研究所
東京大学教授　佐藤　信

奈良文化財研究所 創立六〇周年記念 日中韓国際講演会

日中韓 古代都城文化の潮流

―奈文研六〇年 都城の発掘と国際共同研究―

奈良文化財研究所 編

クバプロ

A5版並製・192頁
定価：本体2,000円（税別）